O PODER DA ORAÇÃO

O PODER DA ORAÇÃO

Rezar com o Espírito Santo

EDITORA
SANTUÁRIO

Dados Internacionais de Catalogação na Publicação (CIP)
(Câmara Brasileira do livro, SP, Brasil)

Catalfo, Carlos Eduardo
O poder da oração: rezar com o Espírito Santo / Carlos Eduardo Catalfo. — Aparecida, SP: Editora Santuário, 1999.

ISBN 85-7200-620-6

1. Espírito Santo 2. Orações I. Título.

99-2259 CDD-242.72

Índices para catálogo sistemático:

1. Espírito Santo: Orações: Literatura devocional 242.72
2. Orações ao Espírito Santo: Literatura devocional 242.72

Imprima-se

Aloísio Cardeal Lorscheider
Arcebispo Metropolitano de Aparecida
Aparecida, 4 de junho de 1999

Projeto Editorial: Pe. Flávio Cavalca de Castro, C.Ss.R.

Seleção de Textos: Pe. Carlos Eduardo Catalfo, C.Ss.R.

19ª impressão

Rua Pe. Claro Monteiro, 342 – 12570-000 – Aparecida-SP
Tel.: 12 3104-2000 – Televendas: 0800 - 16 00 04
www.editorasantuario.com.br
vendas@editorasantuario.com.br

Que o teu desejo seja de ver Deus;
o teu temor, o de perdê-lo;
a tua dor, a de não possuí-lo;
a tua alegria,
naquilo que te pode levar a Ele;
e assim viverás em paz.

Santa Teresa D'Ávila

SUMÁRIO

RABIT TIBI

ORAÇÃO É UM ENCONTRO DE AMOR

Deus ama você.

Deus ama você com um amor maior. Foi por isso que Deus criou você e quer fazê-lo feliz. Foi por isso que Deus criou tudo o que existe. Deus é bom.

Foi Jesus quem nos ensinou que Deus é nosso PAI. Jesus mesmo chamava Deus de ABBA, que em hebraico quer dizer PAI.

Você também pode chamar Deus de Pai. Pode confiar nele, porque ele quer ajudar você a ser feliz.

A ORAÇÃO É NOSSO ENCONTRO COM DEUS. Ele nos ama e compreende. Você pode falar com ele, pode dizer com toda simplicidade que o quer bem, que está contente porque ele é seu Pai. Pode dizer que precisa dele. Você pode conversar com ele para dizer até o que nem era preciso dizer, porque ele é seu Pai, é seu Amigo. Ele vê dentro de seu coração e sabe tudo antes de você dizer. Mas ele quer conversar com você. ORAÇÃO É FICAR PERTO DE DEUS.

Você pode estar sempre junto de Deus, mas, pelo menos de vez em quando, você precisa prestar mais atenção em Deus. Conversando mesmo com ele. E conversar é falar e ouvir.

Para você viver esses encontros de amor com Deus é bom pedir a inspiração do Espírito Santo.

Essa inspiração, que na verdade são os dons do Espírito Santo: sabedoria, entendimento, conselho, fortaleza, ciência, piedade e temor de Deus, irá ajudá-lo a falar e ouvir, saber conversar com Deus. O Espírito Santo faz você conhecer esse Deus que é amor, que é Pai.

ORAÇÃO É:

— estar com Deus
— ouvir o que ele diz
— dizer que você o quer bem
— agradecer o que ele fez por você
— pedir o que você precisa
— pedir perdão.

Como conversar com Deus

É só Deus mesmo que pode ensinar você a conversar com ele. Contanto que você escute e responda. A gente aprende conversar conversando.

— CONVERSE SEMPRE COM DEUS, em qualquer lugar, sempre que você se lembrar dele. Converse no coração. Ninguém precisa saber que você está conversando com Deus.

— DE VEZ EM QUANDO PARE UM POUCO, para conversar mais devagar com Deus. Para não se esquecer, marque um horário certo para esse *encontro com Deus.* E dê um jeito de não faltar.

— ARRANJE UM LUGAR QUIETO para sua conversa com Deus.

— COMECE PEDINDO QUE ELE AJUDE NA CONVERSA. E depois deixe um tempinho para ele falar. Aos poucos ele vai ensinar você muitos jeitos de conversar com ele.

— PARA OUVIR A DEUS VOCÊ PODE LER UM POUCO. Ou do Evangelho, ou deste livro, ou de qualquer outro. Mas não leia só com os olhos. Leia também com a boca e o coração. Leia devagar.

— PROCURE VER O QUE DEUS QUER DE VOCÊ, o que ele acha das pessoas, dos acontecimentos e das coisas.

— VÁ RESPONDENDO E DIZENDO o que você pensa, o que você quer, o que está faltando, se você está alegre ou se está triste.

— PARA AJUDAR NA CONVERSA, você pode ir repetindo bem devagar alguma oração que você sabe de cor, ou alguma oração deste livro. Ou até pode cantar alguma coisa.

— FALE TAMBÉM COM O SEU CORPO. Com a sua posição mostre o que você está fazendo. Faça gestos. Feche os olhos se isso ajudar você a prestar mais atenção.

— QUANDO ACABAR A ORAÇÃO, a sua conversa com Deus, agradeça o encontro e prometa voltar logo.

Padre Flávio Cavalca de Castro, C.Ss.R.

AO LEVANTAR

Em nome do Pai e do Filho e do Espírito Santo. Amém.

Senhor, meu Deus e meu Pai, eu vos agradeço o descanso desta noite e vos bendigo por mais este dia que me concedeis de vida. Eu vos ofereço todos os momentos deste dia, na intenção de vos glorificar e amar; e vo-los ofereço em união com os merecimentos de nosso Senhor Jesus Cristo, pelas mãos da Santíssima Virgem Maria e em comunhão com o Espírito Santo.

Dai-me, Senhor, a graça de vos servir em tudo o que eu fizer. Que eu não cause tristeza àqueles que de mim esperam alegrias; que não seja injusto com aqueles que de mim esperam justiça; que eu não despreze aqueles que de mim esperam compreensão, amizade e caridade.

Senhor, em vossas mãos eu coloco a minha vida. Dai-me a vossa bênção, livrai-me do pecado e de todo o mal; e dai-me a vossa paz! Amém.

— Pai-nosso, Ave-Maria, Glória ao Pai.

NO SILÊNCIO DESTE DIA QUE AMANHECE

Senhor, no silêncio deste dia que amanhece, venho pedir-te a paz, a sabedoria, a força.

Quero olhar hoje o mundo com olhos cheios de amor; ser paciente, ser compreensivo, manso e prudente; ver, além das aparências humanas, teus filhos, como tu mesmo os vês, e assim não ver senão o bem em cada um.

Cerra meus ouvidos a toda calúnia.

Guarda minha língua de toda maldade.

Que só de bênçãos se encha meu espírito.

Que seja tão bondoso e alegre, que todos quantos se achegarem a mim sintam tua presença.

Reveste-me de tua graça, Senhor, e, que no decurso deste dia eu não te ofenda, e te revele a todos.

ORAÇÃO DA MANHÃ SEDE DE DEUS *Salmo 62(63),2-9*

Sois vós, ó Senhor, o meu Deus!
Desde a aurora ansioso vos busco!
A minh'alma tem sede de vós,
minha carne também vos deseja,
como terra sedenta e sem água!
Venho, assim, contemplar-vos no templo,
para ver vossa glória e poder.
Vosso amor vale mais do que a vida:

e por isso meus lábios vos louvam.
Quero, pois vos louvar pela vida,
e elevar para vós minhas mãos!
A minh'alma será saciada,
como em grande banquete de festa;
cantará a alegria em meus lábios,
ao cantar para vós meu louvor!
Penso em vós no meu leito, de noite,
nas vigílias suspiro por vós!
Para mim fostes sempre um socorro;
de vossas asas à sombra eu exulto!
Minha alma se agarra em vós;
com poder vossa mão me sustenta

ANTES DO TRABALHO

Eis-me aqui, Senhor, a iniciar mais uma jornada de trabalho. Eu vos agradeço a saúde, a disposição e a oportunidade que tenho de poder trabalhar e garantir assim o sustento de minha família. Abençoai-me, Senhor, e ajudai-me a executar bem as minhas tarefas. Peço-vos que abençoeis também a empresa em que trabalho: seus donos, seus diretores, os encarregados e todos os funcionários e suas famílias. Especialmente vos peço pelos meus colegas de seção e por aqueles que estiverem passando por maiores dificuldades.

Fazei-nos instrumentos de vossa paz e ajudai-nos a construir um mundo melhor. Amém.

ANTES DE LER A BÍBLIA

Jesus, nosso Mestre, vós sois o caminho, a verdade e a vida. Ensinai-nos a ciência do vosso amor, no espírito de São Paulo, apóstolo, e da Igreja. Dai-nos o Espírito Santo a fim de aprendermos tudo o que nos dissestes. Jesus Mestre, caminho, verdade e vida, aconselhai-nos!

DEPOIS DE LER A BÍBLIA

Jesus Mestre, vós dissestes que a vida eterna consiste em conhecer a vós e ao Pai. Derramai sobre nós os dons do Espírito Santo. Que ele nos ilumine, guie e fortaleça no vosso seguimento, porque sois o único caminho para o Pai. Fazei-nos crescer no vosso amor, para que sejamos, como São Paulo, testemunhas vivas do vosso Evangelho. Com Maria, mãe, mestra e rainha dos apóstolos, guardaremos a vossa Palavra, meditando-a em nosso coração. Amém.

ANTES DAS REFEIÇÕES

Em nome do Pai e do Filho e do Espírito Santo. Amém.

Senhor, eu vos bendigo por este alimento que vai me dar novas forças e coragem para continuar lutando. Não permitais que venha faltar à minha mesa nem à mesa de meus irmãos. Amém.

Ou

Abençoai, Senhor, este alimento que vou tomar por vossa bondade; e abençoai também as mãos que o preparam. Amém.

Ou

Abençoai-me, Senhor, e a este alimento que estou recebendo de vossa bondade. Dai-o também aos que não têm. Amém.

DEPOIS DAS REFEIÇÕES

Obrigado, Senhor, pelo alimento que acabei de tomar. Vós nunca esqueceis a minha mesa. Peço-vos que não esqueçais também a mesa de meus irmãos. Amém.

Ou

Senhor, meu Deus e meu Pai, eu vos agradeço o alimento que acabei de tomar. Fazei-me generoso para com aqueles que batem à minha porta, pedindo um pedaço de pão. Amém.

ANTES E DEPOIS DAS REFEIÇÕES

Abençoai-nos, Senhor, e a esses vossos dons, que de vossa bondade vamos receber, por Cristo, nosso Senhor. Amém.

Deus todo-poderoso, nós vos damos graças por todos os vossos benefícios, vós que viveis e reinais para sempre. Que as almas dos fiéis defuntos, pela misericórdia de Deus, descansem em paz! Amém.

(Também podem ser usadas nas refeições preces espontâneas.)

NO FIM DO TRABALHO

Chegando ao fim de mais um dia de trabalho, eu vos bendigo, Senhor, e vos agradeço por tudo de bom que me concedestes fazer, junto com meus companheiros e supervisores. Abençoai-me na volta para casa e concedei-me um descanso feliz e restaurador, ao lado de minha esposa (meu esposo) e de meus filhos.

ORAÇÃO DA TARDE

O dia termina lentamente:
fica conosco, Senhor,
e com a tua Igreja.
A noite se aproxima e estamos amedrontados.
Há aqueles que não dormem,

vela sobre eles: tu és a Luz.
Há aqueles que sofrem,
consola-os: tu és a Paz.
Há aqueles que não aguentam mais,
conforta-os: tu és a Doçura e a Força.
Muitos estão sós,
visita-os: tu és o Amor.
Muitos estão com fome,
alimenta-os: tu és o Pão.
Muitos perderam a coragem,
protege-os: tu és a Esperança.
Fica conosco, Senhor,
fica conosco: tu és a Vida.

COMUNHÃO ESPIRITUAL

Ó Jesus amantíssimo, eu creio que estais sempre conosco, para nos apoiar em nossa caminhada. Creio que estais presente também no mistério da Eucaristia, pelo qual nos ofereceis o vosso Corpo e o vosso Sangue, sob as espécies do pão e do vinho, para nosso sustento espiritual. Senhor Jesus, eu vos amo e quero viver unido convosco. Desejo receber-vos em meu coração. Mas, como não me é possível participar da comunhão sacramental, faço então a comunhão espiritual. Vinde, Senhor Jesus, e tomai posse de meu coração. Conservai-me sempre unido convosco e livrai-me do pecado e de todo o mal. Amém.

MÉTODO DE MEDITAÇÃO
(Oração particular)

I. Preparação

Como preparação remota, procure permanecer unido a Deus no meio de suas tarefas diárias. Lembre-se frequentemente desta verdade: Deus está em todo lugar e tem grande desejo de me ver feliz.

No começo da meditação, faça um deliberado ato de fé na presença de Deus. Peça-lhe perdão de todas as faltas. Peça-lhe que o ajude a fazer uma boa meditação. Acrescente uma oração a nossa Santíssima Mãe e a todos seus santos prediletos pedindo seu auxílio.

II. Consideração

Leia por alguns minutos a Bíblia ou outro livro espiritual. Pergunte a si mesmo: O que li? O que me ensina esta leitura? Como agi até hoje a este respeito? Que vou fazer de agora em diante?

Já que o valor da meditação não está tanto na reflexão mas nas orações que ela suscita, é importante consagrar a maior parte da meditação aos "afetos" (pequenas preces fervorosas), súplicas (pedidos de auxílio a Deus) e resoluções (ideias práticas que mudem a sua vida, como auxílio divino).

Afetos: "Senhor, eu me arrependo por vos ter ofendido". "Eu vos agradeço pelos dons que me tendes dado." "Quero vos amar acima de todas as coisas." "Eu vos louvo, Senhor!" "Seja feita a vossa vontade!" "Em vós ponho a minha confiança."

Súplicas: Peça tudo de que você necessita: por exemplo, o perdão dos pecados, uma maior confiança, auxílio numa situação tensa, graças específicas para perdoar a alguém, para ser mais paciente, para ter uma boa morte.

Resoluções: Devem ser curtas e determinadas: por exemplo, deixar de conversa fiada com N..., ser gentil com N..., não perder a paciência com N..., ser fiel aos horários de oração.

III. Conclusão

1. Agradecer a Deus pelas inspirações e graças recebidas durante esta meditação.
2. Renovar suas resoluções.
3. Pedir auxílio para executar suas resoluções.
4. Escolher algum pensamento especial ou curta oração para levar consigo durante o dia.

Outras sugestões para oração meditativa

1. Não fique falando o tempo todo: pare de vez em quando e ouça o Senhor. As inspirações que ele dá às vezes são instruções ou sentimentos sem palavras, que você "ouve" em seu coração.
2. Não tente "sentir" os atos de amor e outros afetos que você exprime. Trata-se de atos da sua vontade, que não costumam-se extravasar em

sentidas emoções. Se você sentir insatisfação porque sua mente fica divagando, tenha paciência consigo mesmo. Suportar esta inabilidade para rezar é uma parte valiosa de sua oração.

3. Se você às vezes sentir-se levado a refletir ou a "olhar" silenciosamente para Deus — ou você se torna vagamente consciente de sua presença — simplesmente continue do mesmo jeito. Mas, se você surpreender sua mente em divagações, volte a expressar afetos tais como amor, louvor, arrependimento. Há pessoas que mantêm seu pensamento em Deus simplesmente repetindo devagar uma frase — por exemplo, "Senhor Jesus Cristo, tende piedade de mim" — ou uma única palavra como "Deus" ou "Jesus".

ORAÇÃO DA NOITE
NUNC DIMITTIS *(Lc 2,29-32)*
CRISTO, LUZ DAS NAÇÕES E GLÓRIA DE SEU POVO

Deixai, agora, vosso servo ir em paz,
conforme prometestes, ó Senhor.
Pois meus olhos viram nossa salvação
que preparastes ante a face das nações:
uma Luz que brilhará para os gentios
e para a glória de Israel, o vosso povo.

AO DEITAR

Em nome do Pai e do Filho e do Espírito Santo. Amém.

Aqui estou, Senhor, meu Deus e meu Pai, preparando-me para o repouso desta noite. Não posso deitar-me, sem antes vos dizer um muito obrigado por mais um dia que me concedestes de vida; e não posso entregar-me ao sono, sem pedir perdão pelo que fiz de errado ou pelo que deixei de fazer de bom. *(Breve exame de consciência. Depois:)*

Perdão, Senhor, pelas minhas fraquezas deste dia; pelas mágoas e tristezas que possa ter causado; pelo bem que deixei de fazer e pelas injustiças que possa ter praticado. Ajudai-me com a vossa graça, para que eu possa ser melhor amanhã.

Abençoai, Senhor, o meu descanso e dai-me a vossa paz! Amém.

EM NOME DO PAI

Em nome do Pai e do Filho e do Espírito Santo. Amém.

SINAL DA CRUZ

Pelo sinal † da Santa Cruz, livrai-nos, Deus, † nosso Senhor, dos nossos † inimigos.

GLÓRIA AO PAI

Glória ao Pai, ao Filho e ao Espírito Santo. Como era no princípio, agora e sempre. Amém.

PROCLAMAÇÃO DE NOSSA FÉ

Creio em Deus Pai todo-poderoso, criador do céu e da terra; e em Jesus Cristo, seu único Filho, nosso Senhor, que foi concebido pelo poder do Espírito Santo; nasceu da Virgem Maria; padeceu sob Pôncio Pilatos, foi crucificado, morto e sepultado; desceu à mansão dos mortos; ressuscitou ao terceiro dia, subiu aos céus; está sentado à direita de Deus Pai todo-poderoso, donde há de vir a julgar os vivos e os mortos. Creio no

Espírito Santo, na Santa Igreja Católica; na comunhão dos santos; na remissão dos pecados; na ressurreição da carne; na vida eterna. Amém.

ATO DE FÉ

Ó meu Deus, creio firmemente que sois um só Deus em três Pessoas divinas, Pai, Filho e Espírito Santo; creio que vosso Filho divino se fez homem e morreu por nossos pecados, e que ele virá julgar os vivos e os mortos. Creio nestas e em todas as verdades que ensina a santa Igreja católica, porque as revelastes e vós não podeis enganar nem ser enganado.

ATO DE ESPERANÇA

Ó meu Deus, confiante na vossa bondade infinita e nas vossas promessas, espero alcançar o perdão de meus pecados, o auxílio de vossa graça e a vida eterna, pelos merecimentos de Jesus Cristo, meu Senhor e Redentor.

ATO DE CARIDADE

Ó meu Deus, eu vos amo sobre todas as coisas, de todo o meu coração e com toda a minha alma, porque sois infinitamente bom e digno de todo o meu amor. Por amor de vós amo ao meu

próximo como a mim mesmo. Perdôo a todos que me ofenderam e peço perdão a todos a quem ofendi.

ATO DE CONTRIÇÃO

a) Meu Deus, arrependo-me dos meus pecados de todo o meu coração. Escolhendo o caminho do mal e deixando de fazer o bem, pequei contra vós a quem eu deveria amar sobre todas as coisas. Mas proponho firmemente, com vosso auxílio, fazer penitência, não mais pecar, e evitar tudo o que me leva ao pecado. Nosso Salvador Jesus Cristo sofreu e morreu por nós. Em seu nome, meu Deus, vos peço: tende compaixão de mim.

ou

b) Ó meu Deus, arrependo-me dos meus pecados, porque ofendi a vós. Sei que eu deveria vos amar sobre todas as coisas. Ajudai-me a fazer penitência, a agir melhor e a evitar tudo quanto possa me levar ao pecado. Amém.

ou

c) Qualquer oração espontânea (sua) com Deus, mostrando que você está arrependido e quer corrigir seu comportamento e evitar o que conduz ao pecado, é um bom ato de contrição.

ORAÇÃO DO PAI-NOSSO

Pai nosso, que estais no céu, santificado seja o vosso nome; venha a nós o vosso Reino; seja feita a vossa vontade, assim na terra como no céu. O pão nosso de cada dia nos dai hoje; perdoai-nos as nossas ofensas, assim como nós perdoamos a quem nos tem ofendido; e não nos deixeis cair em tentação, mas livrai-nos do mal. Amém.

DEUS NOSSO PAI

Pai nosso, que também sois Mãe nossa, e que estais no céu e em toda a parte onde irrompe o gesto de amor, a sede de esperança e a fome de justiça.

Santificado seja o vosso nome que se escreve com o canto matinal das aves, os olhos amarelos da criança pedinte e os passos dos que constroem a paz.

Venha a nós o vosso Reino que suprime as estruturas opressivas e, derrubando os prepotentes, instaura a fraternidade entre os povos.

Seja feita a vossa vontade, e não a dos corruptos e dos que enganam a opinião pública.

Assim na terra como no céu, em nossos corações e em todos os lugares onde homens e mulheres suspiram pelo vosso amor.

O pão nosso, a paz nossa e todos os direitos nos dai hoje.

Perdoai as nossas ofensas, as nossas omissões, as nossas fraquezas em não ser o que somos no mais profundo de nós mesmos.

Assim como nós perdoamos aqueles que nos ofenderam com suas mentiras, abusos e indiferenças.

E não nos deixeis cair na tentação de fazer com eles o que fizeram a nós.

Mas livrai-nos de todo o mal que impregna a história, de modo que possamos fermentá-la com o vosso amor e conduzi-la segundo os vossos desígnios.

Amém.

Frei Betto

DEUS PAI

Pai todo-poderoso, nós te louvamos em união com Maria por teres enviado o teu ungido para todos os povos.

Nós te agradecemos o grande dom da fé. Envia-nos o Espírito Santo, para que nós que te encontramos nunca cessemos de te procurar, de te conhecer melhor e de te servir mais.

Faze de nós um Evangelho vivo para que todos os que te procuram possam te encontrar mais facilmente.

Suscita na tua Igreja um novo zelo pela proclamação da mensagem de salvação e um grande desejo de que todos nós, com Jesus e Maria, nos tornemos teus adoradores em espírito e em verdade.

Envia-nos o Espírito Santo, purifica-nos para que, unidos com Jesus e Maria, te ofereçamos de coração puro nosso pensar, agir e falar como agradecimento e louvor.

Que o Espírito Santo nos ensine a louvar e honrar teu nome em meio às decepções e os sofrimentos da vida. Torna-nos mirra preciosa que te ofertamos em vista da morte e sepultamento de Jesus.

Ó Maria, tua vida é uma oferta de ouro puro.

Faze que a tua alegria pelas pessoas que encontram Jesus seja também a nossa. Intercede por nós, para que sempre e em toda a parte demos um bom testemunho da mensagem salvífica e para que muitas cantem contigo o louvor de Deus. Amém.

Pe. Bernhard Häring

ORAÇÃO FILIAL

Meu Deus e meu Pai, eu vos bendigo e vos agradeço, porque, desde antes da criação do mundo, me predestinastes para existir como pessoa humana e para ser vosso(a) filho(a) adotivo(a), na santidade e no amor. Senhor, em vossas mãos eu coloco a minha vida. Mostrai-me os vossos caminhos e ensinai-me a cumprir sempre a vossa vontade. Amém.

ORAÇÃO ECUMÊNICA

Ó Deus, Pai de nosso Senhor Jesus Cristo, nosso único Salvador, Príncipe da Paz, dá-nos a graça de ponderar seriamente os grandes perigos causados por nossas infelizes divisões. Arranca de nossos corações todo o ódio e preconceito e quaisquer outros obstáculos que se possam contrapor à nossa união e concórdia religiosa. Assim como não há senão um só Corpo e um só Espírito, um só Senhor, uma só fé, um só batismo, um só Deus e Pai de todos nós, sejamos todos um só coração e uma só alma. Unidos em um santo vínculo de verdade e paz, de fé e amor, e com um só espírito e uma só boca te glorifiquemos, mediante Jesus, nosso Senhor. Amém.

Liturgia episcopal anglicana

VISITAS AO SANTÍSSIMO SACRAMENTO

Senhor Jesus,
pelo amor que tens
aos homens,
noite e dia chamas e recebes
aos que te visitam.
Eu te adoro
do abismo de meu nada.
Agradeço-te
o favor de haver-me dado
tua pessoa neste sacramento
e a oportunidade
de poder visitar-te.

Saúdo-te, Senhor,
por três motivos:
O primeiro, em agradecimento
por este dom precioso.
O segundo, para compensar-te
das desatenções que recebes,
e o terceiro,
porque, com este encontro,
te desejo adorar
em todas as igrejas
onde esperas
que também te visitem.

Santo Afonso Maria de Ligório (1696-1787)

ALMA DE CRISTO

Alma de Cristo, santificai-me.
Corpo de Cristo, salvai-me.
Sangue de Cristo, inebriai-me.
Água do lado de Cristo, lavai-me.
Paixão de Cristo, confortai-me.
Ó bom Jesus, ouvi-me.
Dentro de vossas chagas, escondei-me.
Não permitais que me separe de vós.
Do espírito maligno, defendei-me.
Na hora da morte, chamai-me
e mandai-me ir para vós,
para que com vossos Santos vos louve
por todos os séculos dos séculos.
Amém.

AMAR COMO JESUS AMOU

Vós o sabei, ó meu Deus, nunca desejei outra coisa senão amar-vos, pois não cobiço outra glória. Vosso amor sempre me preveniu desde a infância, comigo cresceu, e agora se tornou um abismo, cuja profundeza não sei calcular. Amor atrai amor. Para vos amar como vós me amais, ser-me-ia necessário lançar mão de vosso próprio amor. Ó meu Jesus, talvez seja ilusão, mas parece-me que não podeis encher uma alma de mais amor do que dele enchestes a minha. Por isso atrevo-me a pedir-vos a possibilidade de "amar os que vós me destes, como vós me amastes a mim". Se um dia, no Céu, descobrir que os amais mais do que a mim, folgarei com isso, porquanto desde já reconheço que essas almas, muito mais do que a minha, merecem vosso amor. Na terra, porém, não posso conceber maior imensidão de amor do que aquele que vos aprouve conceder-me graciosamente, sem nenhum mérito de minha parte.

Santa Teresinha

MEDITAÇÕES SOBRE A PAIXÃO

Redentor meu,
vejo-te na cruz,
pobre como ninguém,
condenado por todos,
abandonado da vida,
e "ferido para espiar
as maldades de meu povo".
Deixa-me que a teu lado
possa proclamar:
Criaturas todas,
olhai a que extremo
nos amou
o Deus que é Amor...

Santo Afonso Maria de Ligório (1696-1787)

LADAINHA DO SAGRADO CORAÇÃO DE JESUS

Senhor, tende piedade de nós!
Jesus Cristo, tende piedade de nós!
Senhor, tende piedade de nós!
Jesus Cristo, ouvi-nos!
Jesus Cristo, atendei-nos!
Deus Pai celestial,
— **Tende piedade de nós!**
Deus Filho, Redentor do mundo,
Deus Espírito Santo,
Santíssima Trindade, que sois um só Deus,
Coração de Jesus, Filho do Pai eterno,
Coração de Jesus, formado pelo Espírito Santo no seio da Virgem Mãe,
Coração de Jesus, unido substancialmente ao Verbo de Deus,
Coração de Jesus, de majestade infinita,
Coração de Jesus, templo santo de Deus,
Coração de Jesus, tabernáculo do Altíssimo,
Coração de Jesus, casa de Deus e porta do céu,
Coração de Jesus, fornalha ardente de caridade,
Coração de Jesus, receptáculo de justiça e de amor,
Coração de Jesus, cheio de bondade e de amor,
Coração de Jesus, abismo de todas as virtudes,
Coração de Jesus, digníssimo de todo o louvor,
Coração de Jesus, rei e centro de todos os corações,
Coração de Jesus, no qual se encerram todos os tesouros da sabedoria e ciência,

Coração de Jesus, onde habita toda a plenitude da divindade,
Coração de Jesus, em que o Pai pôs toda a sua complacência,
Coração de Jesus, de cuja plenitude nós todos recebemos,
Coração de Jesus, desejo das colinas eternas,
Coração de Jesus, paciente e de muita misericórdia,
Coração de Jesus, rico para com todos que vos invocam,
Coração de Jesus, fonte de vida e de santidade,
Coração de Jesus, propiciação pelos nossos pecados,
Coração de Jesus, saturado de todos os opróbrios,
Coração de Jesus, triturado de dor por causa de nossos crimes,
Coração de Jesus, feito obediente até à morte,
Coração de Jesus, traspassado pela lança,
Coração de Jesus, fonte de toda a consolação,
Coração de Jesus, nossa vida e ressurreição,
Coração de Jesus, nossa paz e reconciliação,
Coração de Jesus, vítima dos pecadores,
Coração de Jesus, esperança dos que morrem em vós,
Coração de Jesus, delícia de todos os santos,
Cordeiro de Deus, que tirais o pecado do mundo, **perdoai-nos, Senhor**!
Cordeiro de Deus, que tirais o pecado do mundo, **ouvi-nos, Senhor**!
Cordeiro de Deus, que tirais o pecado do mundo, **tende piedade de nós**!

— Jesus, manso e humilde de coração,
— **Fazei o nosso coração semelhante ao vosso.**

OREMOS: Ó Deus onipotente e eterno, olhai para o coração de vosso Filho diletíssimo e para os louvores e as satisfações que vos oferece em nome dos pecadores, e, deixando-vos aplacar, perdoai aos que imploram a vossa misericórdia, em nome do mesmo vosso Filho Jesus Cristo, que vive e reina para sempre. Amém.

CONSAGRAÇÃO DO GÊNERO HUMANO AO SAGRADO CORAÇÃO DE JESUS

Dulcíssimo Jesus, Redentor do gênero humano, lançai os vossos olhares sobre nós, humildemente prostrados diante do vosso altar. Nós somos e queremos ser vossos; e, para que possamos viver mais intimamente unidos a vós, cada um de nós, neste dia, se consagra espontaneamente ao vosso Sacratíssimo Coração.

Muitos há que nunca vos conheceram, muitos desprezaram os vossos mandamentos e vos renegaram. Benigníssimo Jesus, tende piedade de uns e de outros e trazei-os todos ao vosso Sagrado Coração.

Senhor, sede o rei não somente dos fiéis que nunca de vós se afastaram, mas também dos filhos pródigos que vos abandonaram; fazei que estes tornem, quanto antes, à casa paterna, para não perecerem de miséria e de fome.

Sede o rei dos que vivem iludidos no erro, ou separados de vós pela discórdia; trazei-os ao porto da verdade e à unidade da fé, a fim de que, em breve, haja um só rebanho e um só pastor.

Senhor, conservai incólume a vossa Igreja e dai-lhe liberdade segura e sem peias; concedei ordem e paz a todos os povos; fazei que, de um a outro polo do mundo, ressoe uma só voz: — Louvado seja o Coração divino, que nos trouxe a salvação! Honra e glória a ele por todos os séculos. Amém.

ORAÇÃO AO SAGRADO CORAÇÃO DE JESUS

Abri-me o Vosso Sagrado Coração, ó Jesus, mostrai-me os seus encantos, uni-me a ele para sempre. Que todos os movimentos e palpitações do meu coração, mesmo durante o sono, vos sejam um testemunho do meu amor e vos digam sem cessar: "Sim, Senhor Jesus, eu vos adoro... Aceitai o pouco bem que pratico... Fazei-me a mercê de reparar o mal cometido...", para que vos louve no tempo e vos bendiga durante a eternidade. Amém.

Papa Pio IX

LADAINHA DO PRECIOSO SANGUE

Senhor, tende piedade de nós.
Jesus Cristo, tende piedade de nós.
Senhor, tende piedade de nós.
Jesus Cristo, ouvi-nos.
Jesus Cristo, atendei-nos.
Deus, Pai dos céus, **tende piedade de nós.**
Deus Filho, Redentor do mundo,
Deus Espírito Santo,
Santíssima Trindade, que sois um só Deus,
Sangue de Cristo, Unigênito do Pai Eterno, **salvai-nos.**
Sangue de Cristo, Verbo de Deus Encarnado,
Sangue de Cristo, Novo e Eterno Testamento,
Sangue de Cristo, a correr, na agonia, sobre a terra,
Sangue de Cristo, a verter na flagelação,
Sangue de Cristo, a manar na coroação de espinhos,
Sangue de Cristo, derramado na Cruz,
Sangue de Cristo, preço de nossa salvação,
Sangue de Cristo, sem o qual não há remissão,
Sangue de Cristo, bebida e lavacro das almas na Eucaristia,
Sangue de Cristo, rio de misericórdia,
Sangue de Cristo, vencedor dos demônios,
Sangue de Cristo, fortaleza dos mártires,
Sangue de Cristo, virtude dos confessores,
Sangue de Cristo, germe das virgens,
Sangue de Cristo, ânimo dos periclitantes,
Sangue de Cristo, alívio dos que trabalham,

Sangue de Cristo, lenitivo para as lágrimas,
Sangue de Cristo, esperança dos penitentes,
Sangue de Cristo, consolação dos agonizantes,
Sangue de Cristo, paz e doçura dos corações,
Sangue de Cristo, penhor de vida eterna,
Sangue de Cristo, que libertais as almas do Purgatório,
Sangue de Cristo, digníssimo de toda glória e honra,
Cordeiro de Deus, que tirais os pecados do mundo, perdoai-nos, Senhor.
Cordeiro de Deus, que tirais os pecados do mundo, ouvi-nos, Senhor.
Cordeiro de Deus, que tirais os pecados do mundo, tende piedade de nós.
— Remistes-nos, no vosso Sangue.
— E para o nosso Deus nos conquistastes.

OREMOS: Onipotente e sempiterno Deus, que constituístes a vosso Filho Unigênito Redentor do mundo, e quisestes ser aplacado pelo seu Sangue, concedei — nós vos pedimos — que de tal modo veneremos o preço da nossa salvação, e por sua virtude sejamos defendidos na terra, contra os males da vida presente, que nos seja dado usufruir perpetuamente das alegrias celestiais. Pelo mesmo Cristo, Nosso Senhor. Amém.

ORAÇÃO EM HONRA DAS CINCO CHAGAS

Ó meu Jesus, pela dor que sentistes quando a vossa mão esquerda foi cravada na cruz, dai-me verdadeira dor dos meus pecados.

Ó meu Jesus, pela dor que sentistes quando a vossa mão direita foi cravada na cruz, concedei-me a perseverança na vossa graça.

Ó meu Jesus, pela dor que sentistes quando o vosso pé esquerdo foi cravado na cruz, preservai-me das penas do inferno.

Ó meu Jesus, pela dor que sentistes quando o vosso pé direito foi cravado na cruz, concedei-me a graça de vos amar eternamente no céu.

Ó meu Jesus, pela dor que vos causou a chaga do vosso Coração adorável, concedei-me a felicidade de vos amar sempre nesta vida e na outra.

VINDE, ESPÍRITO SANTO

Vinde, Espírito Santo, enchei os corações de vossos fiéis e acendei neles o fogo do vosso amor.

— Enviai o vosso Espírito e tudo será criado.

— E renovareis a face da terra.

— Deus, que instruístes os corações dos vossos fiéis com a luz do Espírito Santo, fazei que apreciemos retamente todas as coisas segundo o mesmo Espírito e gozemos sempre de sua consolação. Por Cristo, nosso Senhor.

— Amém.

AO DIVINO ESPÍRITO SANTO

Vinde, ó Espírito Santo, e enviai-nos do céu um raio da vossa luz.

Vinde, Pai dos pobres, vinde, dispensador dos dons, vinde, luz dos corações.

Consolador magnífico, doce hóspede das almas, refrigério suavíssimo.

Descanso no trabalho, brisa no estio ardente, consolação na dor. Ó luz formosíssima, inundai os corações dos vossos fiéis.

Sem o vosso auxílio divino, nada há de puro no homem, pobre de todo o bem. Lavai o coração sórdido, regai a secura das almas, curai as nossas feridas.

Abrandai a dureza dos homens, aquecei os tíbios, dirigi os transviados. Concedei aos fiéis, que em vós confiam, vossos sete dons.

Dai-lhes o prêmio da virtude, conduzi-os ao porto da salvação, concedei-lhes o gozo eterno. Amém.

"Sequência" de Pentecostes

VINDE, Ó ESPÍRITO CRIADOR
(Veni Creator)

Oh, vinde Espírito Criador,
as nossas almas visitai
e enchei os nossos corações
com vossos dons celestiais.
Vós sois chamado o Intercessor,
do Deus excelso o dom sem par,
a fonte viva, o fogo, o amor,
a unção divina e salutar.
Sois doador dos sete dons,
e sois poder na mão do Pai,
por ele prometido a nós,
por nós seus feitos proclamai.
A nossa mente iluminai,
os corações enchei de amor,
nossa fraqueza encorajai,
qual força eterna e protetora.
Nosso inimigo repeli,
e concedei-nos vossa paz;
se pela graça nos guiais,
o mal deixamos para trás.

Ao Pai e ao Filho Salvador
por vós possamos conhecer.
Que procedeis do seu amor
fazei-nos sempre firmes crer.
Glorifiquemos a Deus Pai
e ao Filho que ressuscitou.
E ao Santo Espírito de Deus,
agora e para sempre. Amém.

ORAÇÃO AO ESPÍRITO SANTO

Ó Espírito Santo, dai-me um coração grande, aberto à vossa silenciosa e forte palavra inspiradora; fechado a todas as ambições mesquinhas; alheio a qualquer desprezível competição humana; compenetrado do sentido da Santa Igreja!

Um coração grande, desejoso de se tornar semelhante ao Coração do Senhor Jesus!

Um coração grande e forte para amar a todos, servir a todos, sofrer por todos!

Um coração grande e forte para superar todas as provações, todo o tédio, todo o cansaço, toda a desilusão, toda a ofensa!

Um coração grande e forte e constante até o sacrifício, quando for necessário!

Um coração cuja felicidade é palpitar com o Coração de Cristo e cumprir humilde, fiel e virilmente a vontade Divina. Amém.

Papa Paulo VI

PRECE AO ESPÍRITO SANTO

Ó Espírito, Advogado,
Luz dos corações,
e Pai dos pobres,
Amor de Deus e Santificador
da Igreja...
Dá-me de beber
a água de teus dons.
Minha alma é terra seca
que não produz
mais que espinhos e abrolhos.

Ó fonte de água viva,
inunda-me com teu caudal.
Não permitas
que eu vá beber
águas contaminadas.
Rega meu coração
em tempo de seca.
Que o tédio não sufoque nem mate
a vida que me infundes.
Vem, Espírito Santo,
e enche-me de teus dons.

Santo Afonso Maria de Ligório (1696-1787)

PARA PEDIR A INSPIRAÇÃO DO ESPÍRITO SANTO

Ó Espírito Santo, Amor do Pai e do Filho, inspirai-me sempre o que devo pensar, o que devo dizer, como devo dizê-lo, o que devo calar, o que devo escrever, como devo agir, o que devo fazer para obter a vossa glória, o bem das almas e minha própria santificação! Amém.

Cardeal Verdier

LUZES DO ESPÍRITO

Quem és tu, luz,
que me enche
e ilumina a escuridão de meu coração?
Tu me guias,
igual à mão de uma mãe,
da qual, soltando-me,
não saberia caminhar
mais um só passo.
Tu és o lugar,
que cerca meu ser
e em si me acolhe.
Saindo de ti,
mergulho no abismo do nada,
de onde tu elevaste o meu ser.
Tu estás mais próximo a mim,
do que eu a mim mesmo,
e mais íntimo do que meu interior —

no entanto, continuas intocável
e incompreensível,
arrebatando do que existe:
Santo Espírito — Eterno Amor.

Edith Stein

A VOZ DO ESPÍRITO

Nós te louvamos e te agradecemos,
glorioso Senhor Jesus Cristo,
porque estás presente no meio de nós
e em nós;
em nós louvas o Pai com perfeição
com a voz do Espírito que nos concedeste.
Nós te suplicamos, que essa voz do Espírito
seja ativada em nós
pela escuta da palavra da Escritura,
de maneira digna, justa,
conveniente com o significado do Texto,
proporcional às coisas que nos são
manifestadas
e pronta para reconhecer em nós as afinidades
com o ensinamento
e com o exemplo que nos é proposto.
Tu que és Deus e vives e reinas
por todos os séculos dos séculos.

Cardeal Martini

ENVIA O ESPÍRITO

Envia-me o Espírito Santo,
ó Senhor,
que me faça conhecer
quem sou eu
e quem és tu.

São João Maria Vianney (1786-1859)

INFUNDE O ESPÍRITO

Deus todo-poderoso,
Pai de nosso Senhor Jesus Cristo,
que, pela água e pelo Espírito Santo,
fizestes renascer estes vossos servos e servas,
libertando-os do pecado,
enviai-lhes o Espírito Santo Paráclito;
Dai-lhes, Senhor, o espírito de sabedoria
e inteligência,
o espírito de conselho e fortaleza,
o espírito de ciência e piedade
e enchei-os do espírito do vosso temor.

Rito da Confirmação

ESPÍRITO E AMOR ETERNO

Espírito Santo,
Espírito do Pai e do Filho,
que deles procedes em unidade de origem
e os unes um ao outro,
em unidade de amor e de espírito!
Espírito e amor eterno,
que existes pessoalmente na divindade
e divinamente encerras as emanações eternas!
Eu te adoro e te agradeço
por aquela santa e admirável ação
pela qual realizaste
o sagrado mistério da encarnação!

Tu és na Santíssima Trindade
o vínculo sagrado entre as divinas Pessoas
e, na encarnação, unes
uma Pessoa divina a uma natureza humana.

Tu dás ao Verbo, no seio de sua mãe,
uma nova natureza,
revestindo-o da nossa humanidade!

Ó Espírito Santo! Tu és Espírito de amor
e sobre a terra realizas aquela obra de amor,
aquela união divina,
aquela aliança incomparável
que une a terra ao céu,
o ser criado ao ser incriado
e Deus ao homem,
com uma união tão estreita
que dela resulta para sempre
um Deus homem e um homem Deus.

Pedro de Bérulle (1575-1629)

HABITA EM NÓS

Espírito do Pai e do Filho, vem.
Espírito de amor, vem.
Espírito de infância, de paz,
de confiança e de alegria, vem.
Júbilo secreto, que brilha
através das lágrimas do mundo, vem.
Vida mais forte do que toda a nossa morte, vem.
Pai dos pobres
e advogado dos oprimidos, vem.
Luz de eterna verdade
e amor derramado nos corações, vem.
Vem: renova e estende
a tua visita dentro de nós.
Em ti colocamos a nossa confiança.
Amamos a ti, que és o amor.
Em ti temos Deus por Pai,
porque dentro de nós
tu clamas: "Abba, Pai amantíssimo".
Habita em nós.
Não nos abandones na dura luta da vida
e, quando chegar o seu fim
e estivermos sozinhos, vem, Espírito Santo.

Karl Rahner (1904-1984)

SANTO, SANTO, SANTO

Espírito Santo, divino Paráclito,
Pai dos pobres,
Consolador dos aflitos,
Santificador das almas,
eis-me prostrado na tua presença.
Adoro-te com a mais profunda humildade,
e repito mil vezes com os serafins
que estão diante do teu trono:
santo, santo, santo.

Creio firmemente que és eterno,
da mesma substância do Pai e do Filho.
Espero que, com a tua bondade,
santificarás a minha alma.
Eu te amo, Deus de amor!
Eu te amo mais do qualquer coisa deste mundo.
Eu te amo com todas as minhas forças,
porque és a bondade infinita
que só merece todo o amor.
E uma vez que, insensível
a todas as santas inspirações,
tenho sido tão ingrato,
ofendendo-te com tantos pecados,
peço tanto perdão
e me arrependo muitíssimo
de haver-te ofendido,
ó meu sumo bem!

Eu te ofereço o meu coração, tão frio,
e te suplico que o penetres

com um raio da tua luz
e com uma centelha do teu fogo,
para derreter o gelo,
tão resistente, da minha iniquidade.

Santo Afonso Maria de Ligório (1696-1787)

INVOCAÇÕES AO ESPÍRITO

Vem, luz verdadeira.
Vem, vida eterna.
Vem, mistério escondido.
Vem, tesouro inefável.
Vem, realidade indizível.
Vem, pessoa incompreensível.
Vem, alegria perene.
Vem, expectativa verdadeira
de quantos serão saciados.
Vem, o levantar-se dos que estão caídos.
Vem, ressurreição dos mortos.

Vem, ó poderoso,
que realizas sempre todas as coisas,
mudas e transformas só com o querer.
Vem, invisível
e inteiramente intangível e impalpável.

Vem, alegria eterna.
Vem, coroa imarcescível.
Vem, púrpura do nosso grande Deus e Rei.
Vem, cinturão cristalino

e de pedras preciosas.
Vem, tu, a quem desejou
e deseja a minha mísera alma.
Vem, único a quem está só,
pois eu estou só, como vês.
Vem, tu, que me separaste de tudo
e me tornaste sozinho sobre a terra.

Vem, tu, que te fizeste desejo em mim
e fizeste com que te desejasse,
ó todo inacessível.
Vem, meu respiro e minha vida.
Vem, consolação da minha pobre alma.
Vem, alegria, glória e delícia sem-fim.
Eu te agradeço, porque te transformaste
num só espírito comigo: sem confusão,
sem variação, sem mudança,
tu, que és Deus acima de tudo.

Simeão, o Novo Teólogo (949-1022)

ESPÍRITO DE VIDA

Ó Espírito Santo,
nós te pedimos por nós e por todos.

Ó Espírito de vida,
aqui não faltam forças,
educação, prudência:
não, até temos em abundância.

O que necessitamos
é que nos tires
a força que nos conduz à perdição:
toma-a e dá-nos a vida.

Certamente o homem experimenta
um calafrio mortal,
quando tu,
para tornar-te sua força espiritual,
o privas de sua força natural.

Oh! se as próprias criaturas irracionais
compreendem, enfim,
o bem que lhes vem depois,
quando o cocheiro real
toma as rédeas nas mãos,
o que antes as fazia tremer
num movimento de rebelião:
não seria o homem
capaz de entender
que benefício tu lhe fazes,
quando lhe tiras a força
e o fazes dono da vida?

Soren Kierkegaard (1813-1855)

CONSAGRAÇÃO AO ESPÍRITO SANTO

Espírito Santo, amor substancial
do Pai e do Filho.
Amor incriado,
que habitas nas almas justas,
vem sobre mim
com um novo Pentecostes,
trazendo-me a abundância dos teus dons,
dos teus frutos, da tua graça,
e une-te a mim
qual Esposo dulcíssimo da minha alma.
Eu me consagro totalmente a ti:
invade-me, toma-me, possui-me toda.

Sê luz penetrante
que ilumine a minha inteligência,
moção suave que atraia
e dirija a minha vontade,
força sobrenatural
que dê vigor ao meu corpo.
Completa em mim
a tua obra de purificação,
de santificação, de amor.

Torna-me pura, transparente,
simples, verdadeira;
livre, pacífica e suave;
calma, serena, mesmo na dor;
ardente de amor para com Deus
e para com o próximo.

Irmã Carmela do Espírito Santo (1903-1949)

O ESPÍRITO DE SANTIDADE

Espírito Santo,
que procedes inefavelmente do Pai
e, mediante o Filho, habitas nos que creem.
Espírito de vida e inteligência,
Espírito de santidade e perfeição,
Espírito bom, sábio,
amante dos homens, doce e glorioso,
que nutres e sacias a sede,
que fazes misericórdia, iluminas, dás força;
Espírito divino de paciência,
Espírito que comunicas júbilo, alegria,
temperança, sabedoria, conhecimento,
mansidão, esquecimento do mal sofrido,
liberdade das preocupações aqui de baixo,
visões das coisas lá de cima;
tu, que afugentas a preguiça,
que afastas a negligência e o ócio
e pões a correr a maldade;
Espírito, que revelas os mistérios,
penhor do reino dos céus,
fonte da profecia,
taça do ensinamento;
tu, que tiras o pecado,
sê a porta da penitência,
e — qual porteiro —
mostra a entrada a quem combate.
Espírito de desejo e que geras desejo,
vem, habita e permanece em nós,
sem separar-te, sem dividir-te,
santificando, transformando
e iluminando os nossos corações,

como consubstancial e glorificado
com o Filho e com o Pai,
tornando deuses aqueles que te acolhem,
e apagando todo pecado,
e trazendo contigo,
na tua vinda, toda virtude,
não a trazendo contigo de fora,
mas sendo tu mesmo toda boa realidade:
porque aqueles, nos quais fazes morada,
têm substancialmente
em si mesmos todo o bem.

Simeão, o Novo Teólogo (949-1022)

ORAÇÃO DE PENTECOSTES

Espírito Santo,
uma vez que desejo a tua vinda,
suplico-te faças em mim três coisas.

Com o teu amor torna-me forte
contra o mal
e disposto a todo o bem.
Liberta-me de todo o temor humano
e faze que, por amor a Deus,
eu acolha com alegria toda adversidade.

Peço-te ainda
que me concedas o perdão dos pecados.
E concede-me que,

consumido pelo fogo do amor divino,
eu mergulhe inteiramente em Deus
e, nesta feliz união, me torne semelhante a ele.

Espírito Santo,
inebria-me com o vinho do teu amor,
que produzirá em mim o esquecimento
de mim mesmo
e o desprezo de toda a honra
e de toda a vantagem
que não tenham em vista a glória de Deus.

Enche o meu coração da tua suavidade,
de tal modo que nenhuma alegria,
nenhum prazer terreno
possam jamais satisfazer-me.

Inflama-me com o amor
das coisas celestes e espirituais,
de modo que aspire a Deus com todo o coração
e não tenha mais temor nem da morte,
nem de nenhum sofrimento.

Santa Matilde (1241-1298)

CREIO EM TI, ESPÍRITO SANTO

Creio em ti, Espírito Santo,
Senhor e doador de vida,
que pairavas sobre as águas
da primeira criação
e desceste sobre a Virgem acolhedora
e sobre as águas da nova criação.
Tu és o vínculo do amor eterno,
a unidade e a paz
do amado e do amante,
no diálogo eterno do amor.
Tu és o êxtase e o dom de Deus,
aquele em que o amor infinito
se abre na liberdade,
para suscitar e contagiar
amor.

Bruno Forte

TEMPLO DO ESPÍRITO SANTO

Tu soubeste acolher o Espírito Santo
com coração aberto;
acolheste-o com a fé,
acreditando em sua ação maravilhosa
no teu seio.

Acolheste-o
entregando-lhe todo o teu ser,
confiando-te ao poder do seu amor;
acolheste-o

colaborando ativamente com ele
no amor da encarnação redentora.

Não cessaste mais de o acolher
durante toda a vida,
escutando a sua voz misteriosa,
seguindo todas as suas sugestões.

Ensina-nos também a recebê-lo
com a mesma disposição de abertura.

Ajuda-nos a escutá-lo no íntimo do coração,
a acolher as suas inspirações
e os seus conselhos.

Mostra-nos o caminho da docilidade
ao seu ensinamento
e o da cooperação com sua obra.

A teu exemplo,
queremos também nós
receber com plenitude o Espírito Santo
e não desperdiçar nada
de sua vinda dentro de nós.

Reaviva o nosso desejo de receber
tudo o que ele nos quer dar
e comunica-nos a alegria
que tu experimentaste no deixar
ao Espírito Santo
a liberdade de tomar tudo,
de tudo invadir com seu amor.

Jean Galot

CONTEMPLAR O ESPÍRITO

Maria, tu, que és a mulher
da reconciliação,
guia-nos pelos caminhos da verdade,
torna-nos capazes de dar
aquilo que gratuitamente tivermos recebido,
ajuda-nos a contemplar o caminho
que o Espírito do teu Filho Jesus
faz cumprir a nossa Igreja,
põe em nosso coração e em nossos lábios
o hino de gratidão e de louvor ao Pai,
do qual tudo procede e ao qual tudo retorna.

Cardeal Martini

UMA NOVA EFUSÃO

A ti, ó Mãe,
consagramos com imensa confiança todos nós,
as nossas fadigas,
os nossos propósitos,
a nossa esperança.
A ti consagramos toda a Igreja
e a humanidade inteira,
com especial pensamento naqueles homens
e naqueles povos,
que têm particular necessidade,
e cuja confiança
e consagração
tu especialmente desejas.

Ó tu, que, coberta pelo Espírito Santo,
geraste o teu divino Filho,

obtém, com tuas preces,
para a Igreja, uma nova efusão
do Espírito,
que traga às almas
uma fé mais firme,
uma esperança mais pura
e uma caridade mais generosa!

Ó tu, que atrais docemente o coração
dos homens
ao caminho da justiça
e da reconciliação,
chama novamente à unidade
da comunhão eclesial
aqueles que se afastaram dela,
ou a romperam com a rebeldia,
com a desobediência e o pecado!

Tu, que foste preservada
de toda mancha desde a concepção,
defende os teus filhos na luta contra
o poder das trevas
e contra as ciladas do erro
e da mentira!

Que o teu imaculado coração reine
nas consciências,
nas famílias e na sociedade,
nas nações e na humanidade inteira!

Ó clemente, ó piedosa,
ó doce Virgem Maria.

Papa João Paulo II

AVE-MARIA

Ave, Maria, cheia de graça, o Senhor é convosco, bendita sois vós entre as mulheres e bendito é o fruto do vosso ventre, Jesus. Santa Maria, Mãe de Deus, rogai por nós, pecadores, agora e na hora da nossa morte. Amém.

SAUDAÇÃO ANGÉLICA

(Esta oração pode ser rezada de manhã, ao meio-dia e à noite, conforme costume cristão.)

— O anjo do Senhor anunciou a Maria.
— E ela concebeu do Espírito Santo.
Ave, Maria...
— Eis aqui a serva do Senhor!
— Faça-se em mim segundo a vossa palavra.
Ave, Maria...
— E o Verbo de Deus se fez carne.
— E habitou entre nós.
Ave, Maria...
— Rogai por nós, Santa Mãe de Deus.
— Para que sejamos dignos das promessas de Cristo.

OREMOS: Senhor, nós vos pedimos: Derramai a vossa graça em nossos corações, para que nós, que conhecemos pela anunciação do anjo a encarnação do vosso Filho Jesus Cristo, cheguemos, por sua paixão, morte e ressurreição, à eterna salvação. Pelo mesmo Cristo, nosso Senhor.

— **Amém.**

RAINHA DO CÉU

(Durante o Tempo Pascal, em vez da Saudação Angélica, reza-se esta:)

— Rainha do céu, alegrai-vos! Aleluia!

— **Porque quem merecestes trazer em vosso puríssimo seio, aleluia! Ressuscitou, como disse, Aleluia! Rogai a Deus por nós, Aleluia!**

— Exultai e alegrai-vos, ó Virgem Maria! Aleluia!

— **Porque o Senhor ressuscitou verdadeiramente, aleluia!**

OREMOS: Ó Deus, que vos dignastes alegrar o mundo com a ressurreição de vosso Filho Jesus Cristo, Senhor nosso, concedei-nos, vos suplicamos, que por sua Mãe, a Virgem Maria, alcancemos a alegria da vida eterna. Por Cristo, nosso Senhor.

— **Amém.**

ANTÍFONA DE NOSSA SENHORA (I)

Ó Mãe do Redentor, do céu ó porta,
ao povo que caiu, socorre e exorta,
pois busca levantar-se, Virgem pura,
nascendo o Criador da criatura:
tem piedade de nós e ouve, suave,
o anjo te saudando com seu Ave!

ANTÍFONA DE NOSSA SENHORA (II)

Ave, Rainha do céu;
ave, dos anjos Senhora;
ave, raiz, ave, porta;
da luz do mundo és aurora.
Exulta, ó Virgem tão bela,
as outras seguem-te após;
nós te saudamos: adeus!
E pede a Cristo por nós!
Virgem Mãe, ó Maria!

SALVE, RAINHA

Salve, Rainha, Mãe de misericórdia, vida, doçura e esperança nossa, salve. A vós bradamos, os degredados filhos de Eva. A vós suspiramos, gemendo e chorando neste vale de lágrimas. Eia, pois, Advogada nossa, esses vossos olhos misericordiosos a nós volvei, e, depois deste desterro, mostrai-nos Jesus, bendito fruto do vosso ventre. Ó clemente, ó piedosa, ó doce Virgem Maria.

LADAINHA DE NOSSA SENHORA

Senhor, tende piedade de nós!
Jesus Cristo, tende piedade de nós!
Senhor, tende piedade de nós!
Jesus Cristo, ouvi-nos!

Jesus Cristo, atendei-nos!
Deus Pai celestial,
— **Tende piedade de nós!**
Deus Filho, Redentor do mundo,
Deus Espírito Santo,
Santíssima Trindade, que sois um só Deus,
Santa Maria,
— **Rogai por nós!**
Santa Mãe de Deus,
Santa Virgem das virgens,
Mãe de Jesus Cristo,
Mãe da divina graça,
Mãe puríssima,
Mãe castíssima,
Mãe imaculada,
Mãe amável,
Mãe intacta,
Mãe admirável,
Mãe do Bom Conselho,
Mãe do perpétuo socorro,
Mãe do Criador,
Mãe do Salvador,
Virgem prudentíssima,
Virgem venerável,
Virgem louvável,
Virgem poderosa,
Virgem clemente,
Virgem fiel,
Espelho de justiça,
Sede de sabedoria,
Causa de nossa alegria,
Vaso espiritual,

Vaso honorífico,
Vaso insigne de devoção,
Rosa mística,
Torre de Davi,
Torre de marfim,
Casa de ouro,
Arca da aliança,
Porta do céu,
Estrela da manhã,
Saúde dos enfermos,
Refúgio dos pecadores,
Consoladora dos aflitos,
Auxílio dos cristãos,
Rainha dos anjos,
Rainha dos patriarcas,
Rainha dos profetas,
Rainha dos apóstolos,
Rainha dos mártires,
Rainha dos confessores,
Rainha das virgens,
Rainha de todos os santos,
Rainha concebida sem pecado,
Rainha assunta ao céu,
Rainha do santíssimo Rosário,
Rainha da paz.

— Cordeiro de Deus, que tirais o pecado do mundo,

— Perdoai-nos, Senhor!

— Cordeiro de Deus, que tirais o pecado do mundo,

— Ouvi-nos, Senhor!

— Cordeiro de Deus, que tirais o pecado do mundo,

— Tende piedade de nós!

— Rogai por nós, Santa Mãe de Deus,

— Para que sejamos dignos das promessas de Cristo.

OREMOS: Concedei a vossos servos, nós vos pedimos, Senhor nosso Deus, que gozemos sempre da saúde da alma e do corpo e, pela gloriosa intercessão da bem-aventurada sempre Virgem Maria, sejamos livres da tristeza presente e alcancemos a eterna glória. Por Cristo, nosso Senhor.

— Amém.

No mês de outubro:

— Rogai por nós, Rainha do santíssimo Rosário,

— Para que sejamos dignos das promessas de Cristo.

OREMOS: Ó Deus, cujo Filho Unigênito, pela sua vida, morte e ressurreição, nos alcançou os prêmios da vida eterna, concede, nós vos imploramos, que, honrando nós estes mistérios pelo santíssimo rosário da bem-aventurada Virgem Maria, imitemos o que contêm e obtenhamos o que prometem. Por Cristo, nosso Senhor.

— Amém.

CONSAGRAÇÃO PESSOAL A NOSSA SENHORA

Ó Senhora minha, ó minha Mãe, eu me ofereço todo a vós; e, em prova de minha devoção para convosco, eu vos consagro neste dia (nesta noite) os meus olhos, os meus ouvidos, a minha boca, o meu coração e inteiramente todo o meu ser. E, porque assim sou vosso, ó incomparável Mãe, guardai-me e defendei-me, como coisa e propriedade vossa. Amém.

À VOSSA PROTEÇÃO

À vossa proteção recorremos, ó Santa Mãe de Deus; não desprezeis as nossas súplicas, não nos abandoneis em nossas necessidades, mas livrai-nos sempre de todos os perigos, ó Virgem gloriosa e bendita. Amém.

LEMBRAI-VOS

Lembrai-vos, ó piíssima Virgem Maria, que jamais se ouviu dizer que algum daqueles, que têm recorrido à vossa proteção, implorado o vosso auxílio e reclamado o vosso socorro, fosse por vós desamparado. Animado, pois, com igual confiança, a vós, Virgem das Virgens, como à Mãe recorro; a vós me acolho e, gemendo sob o peso dos meus pecados, me prostro aos vossos pés; não desprezeis as minhas súplicas, ó Mãe do Filho de Deus, mas antes as atendei e ouvi propícia. Amém.

INVOCAÇÕES A NOSSA SENHORA

(De manhã e à noite)

Pela vossa Imaculada Conceição, ó Maria, livrai-me neste dia (nesta noite) de todo pecado mortal!

Pela vossa Imaculada Conceição, ó Maria, fazei puro o meu corpo e santa a minha alma!

Ó Maria, concebida sem pecado, rogai por nós que recorremos a vós!

CONSAGRAÇÃO A NOSSA SENHORA APARECIDA

Ó Maria Santíssima, que em vossa Imagem de Aparecida espalhais inúmeros benefícios sobre todo o Brasil, eu, N..., embora indigno de pertencer ao número dos vossos servos, mas cheio do desejo de participar dos benefícios de vossa misericórdia, prostrado a vossos pés, consagro-vos o meu entendimento, para que sempre pense no amor que mereceis; consagro-vos a minha língua, para que sempre vos louve e propague a vossa devoção; consagro-vos o meu coração, para que, depois de Deus, vos ame sobre todas as coisas.

Recebei-nos, ó Rainha incomparável, no ditoso número de vossos servos; acolhei-nos debaixo de vossa proteção; socorrei-nos em todas as nossas necessidades espirituais e temporais, e sobretudo na hora da nossa morte. Abençoai-nos, ó Mãe celestial, e com vossa poderosa intercessão fortalecei-nos em nossa fraqueza, a fim de que, servindo-vos fielmente nesta vida, possamos louvar-vos, amar-vos e dar-vos graças no céu, por toda a eternidade. Assim seja.

RENOVAÇÃO DA CONSAGRAÇÃO A NOSSA SENHORA APARECIDA

Senhora Aparecida, eu renovo, neste momento, a minha consagração. Eu vos consagro os meus trabalhos, sofrimentos e alegrias, o meu corpo, a minha alma e toda a minha vida. Eu vos consagro a minha família.

Ó Senhora Aparecida, livrai-nos de todo o mal, das doenças e do pecado. Abençoai as nossas famílias, os doentes, as criancinhas. Abençoai a santa Igreja, o Papa e os bispos, os sacerdotes e ministros, religiosos e leigos. Abençoai a nossa paróquia, o nosso pároco.

Senhora Aparecida, lembrai-vos que sois a Padroeira poderosa da nossa Pátria. Abençoai o nosso governo. Abençoai, protegei, salvai o vosso Brasil! E dai-nos a vossa bênção.

ORAÇÃO A NOSSA SENHORA APARECIDA

Ó incomparável Senhora da Conceição Aparecida, Mãe de meu Deus, Rainha dos Anjos, Advogada dos pecadores, Refúgio e Consolação dos aflitos e atribulados, ó Virgem Santíssima, cheia de poder e bondade, lançai sobre nós um olhar favorável, para que sejamos socorridos em todas as necessidades. Lembrai-vos, clementíssima Mãe Aparecida, que não consta que, de todos os que têm a vós recorrido, invocado vosso santíssimo nome e implorado vossa singular proteção, fosse por vós algum abandonado. Animado com esta confiança a vós recorro: tomo-vos de hoje para sempre por minha Mãe, minha protetora, minha consolação e guia, minha esperança e minha luz na hora da morte. Assim, pois, Senhora, livrai-me de tudo o que possa ofender-vos e a vosso Filho, meu Redentor e Senhor Jesus Cristo.

Virgem bendita, intercedei a Deus por nós e livrai-nos da peste, fome, guerra, raios, tempestades e outros perigos e males que nos possam flagelar. Soberana Senhora, dignai-vos dirigir-nos em todos os negócios espirituais e temporais; livrai-nos da tentação do demônio, para que, trilhando o caminho da virtude, pelos merecimentos da vossa puríssima Virgindade e do preciosíssimo sangue de vosso Filho, vos possamos ver, amar e gozar na eterna glória, pelos séculos dos séculos. Amém.

ORAÇÃO À SANTÍSSIMA VIRGEM

Santíssima Virgem Imaculada, Maria, minha Mãe, a vós, que sois a Mãe do meu Senhor, a Rainha do mundo, a advogada, a esperança e o refúgio dos pecadores, recorro hoje eu, que sou o mais miserável de todos. Aos vossos pés me prostro, ó grande Rainha, e vos dou graças por todos os benefícios que até agora me tendes feito, especialmente por me haverdes livrado do inferno, por mim tantas vezes merecido.

Eu vos amo, Senhora amabilíssima e, pelo amor que vos tenho, prometo servir-vos sempre e fazer quanto possa para que de todos sejais servida. Em vós, depois de Jesus, ponho todas as minhas esperanças, toda a minha salvação. Aceitai-me por vosso servo e acolhei-me debaixo do vosso manto, ó Mãe de misericórdia! E, já que sois tão poderosa para com Deus, livrai-me de todas as tentações, ou impetrai-me forças para vencê-las até à morte. A vós suplico o verdadeiro amor a Jesus Cristo. De vós espero alcançar uma boa morte.

Minha Mãe, pelo amor que tendes a Deus, vos rogo me ajudeis sempre, mormente no último instante de minha vida. Não me desampareis enquanto não me virdes já salvo no céu, a bendizer-vos e a cantar as vossas misericórdias, por toda a eternidade. Assim espero. Assim seja.

Santo Afonso Maria de Ligório (1696-1787)

ORAÇÃO A NOSSA SENHORA DO PERPÉTUO SOCORRO

Ó Maria Santíssima, em vosso grande amor para conosco e no imenso desejo de oferecer-nos vossa proteção e dispensar-nos vossas misericórdias, quisestes apresentar-vos a nós com o sugestivo nome de Senhora do Perpétuo Socorro.

Sim, ó Mãe amorosíssima, sabeis que precisamos da vossa constante ajuda, porque perpétuas são as nossas necessidades.

Por isso, encorajado pelo vosso amor e cheio de filial confiança, coloco-me sob vossa especial proteção e vos consagro a minha vida.

Socorrei-me, ó Maria, em todas as minhas necessidades, espirituais e temporais, mas sobretudo na hora de minha morte. E alcançai-me do vosso Filho Jesus a salvação e a felicidade eterna. Amém.

Ó Maria, Mãe do Perpétuo Socorro, rogai por nós!

José Dutra

ORAÇÃO A NOSSA SENHORA DA GUIA

Ó Maria Santíssima, eu vos louvo e bendigo, porque aceitastes gerar em vosso seio puríssimo, por obra do Espírito Santo, Jesus, o Filho de Deus, Salvador do mundo, tornando-vos a Mãe e a primeira discípula daquele que veio para ser a Luz de todos os povos, o Caminho, a Verdade e a Vida.

Vós, que levastes Jesus, ainda em vosso seio, para santificar João Batista no seio de sua mãe Isabel; vós, que protegestes o Menino Jesus, em seu nascimento, o amamentastes e lhe ensinastes os primeiros passos: protegei as criancinhas e guiai todas as mães, para que elas ensinem seus filhos a amar e a seguir Jesus.

Ó Virgem bendita, guiai todos os meus passos, protegei-me em todos os perigos e livrai-me de todo o mal. E, em todas as circunstâncias de minha vida, mostrai-me Jesus, que é o Caminho que me conduz ao Pai, a Verdade que me liberta e a Vida que me salva.

Ó Virgem Santíssima, Nossa Senhora da Guia, abençoai e guiai o nosso Papa N..., o nosso bispo N..., todo o clero e todo o Povo de Deus. Convertei os pecadores e fazei que todos os homens e mulheres conheçam a Jesus Cristo, nele creiam e nele tenham a salvação. Amém.

José Dutra

A PROVAÇÃO DE MARIA

Concede-nos, Maria,
a graça de penetrar de tal modo no mistério
da tua provação
que possamos desde então repetir:
a minh'alma engrandece o Senhor.
Faze com que, mesmo do vale de nossa
obscuridade, saibamos gritar:
o meu espírito exulta em Deus meu salvador.
Faze com que nos interroguemos
se essa é a nossa atitude cotidiana,
se somos capazes de elevar-nos da lamentação
em direção à glorificação do mistério de Deus,
de abandonar-se ao mistério que,
nas trevas ou na luz
sempre nos carrega nos braços,
irrevogavelmente.
Concede-nos compreender e confiar-nos
como tu ao mistério da Aliança.
Ó Maria,
tu que tiveste a mente e o intelecto
purificados e obedientes desde o início;
tu que após uma simples pergunta:
como se fará isso?
te aquietaste, não mais te preocupaste
com coisa alguma,
nem ansiedade, nem reflexões, nem temores,
concede-nos a graça de seguir a tua via
numa planificação de mente e coração
que nos permita penetrar
com toda a força da alma e com todo o espírito
no serviço e no amor ao próximo,
segundo a vossa vocação.

Cardeal Martini

ORAÇÃO À VIRGEM DO SILÊNCIO

Ó Virgem Santa Maria, modelo das almas contemplativas, ensinai-nos a guardar o recolhimento no meio das agitações da vida. Preservai-nos, tanto da febre da atividade excessiva, como dos retraimentos do egoísmo.

Que jamais o ruído das coisas que passam nos faça esquecer a silenciosa presença daquele que mora em nós.

Que jamais a fascinação das coisas visíveis afaste o nosso coração dos esplendores escondidos do mundo invisível.

Desenvolvei em nós o gosto do silêncio e ensinai-nos, a vosso exemplo, a fazer da nossa ação uma comunhão fiel com a vontade do Pai, para o humilde serviço de Jesus nas almas.

Ignácio Larrañaga

ORAÇÃO DE FÁTIMA

Ó Jesus, perdoai-nos, livrai-nos do fogo do inferno, levai as almas todas para o céu e socorrei principalmente as que mais precisarem.

AVE MARIS, STELLA

Salve, do mar clara estrela!
Salve, ó Mãe do Onipotente,
Sempre Virgem e bela,
Do céu porta refulgente.
Ó tu que ouviste da boca
De Gabriel saudação,
Em Ave o nome Eva troca!
Dá-nos paz e quietação!
Os grilhões aos réus desprende,
Estes cegos ilumina!
De todo o mal nos defende!
Chova bens a Mão divina!
Mostra seres Mãe, fazendo
Que os rogos do povo seu
Ouça aquele que nascendo
Por nós, quis ser Filho teu.
Virgem singular, sublime
Entre todas na clemência!
Nossos pecados suprime!
Dá-nos pureza e paciência!
Faze que puros vivamos
Põe-nos na senda segura,
Para que a Jesus vejamos
Na celestial ventura.
A Deus Pai sempre adoremos,
A Jesus Cristo também
E ao Espírito Santo: demos
Aos três um louvor. Amém.

STABAT MATER

Estava a Mãe dolorosa
Junto à Cruz e lacrimosa,
Enquanto o Filho pendia.
Ali sua alma gemente,
Contristada e condolente,
A espada de dor transiu!
Oh! quão triste quão aflita
Esteve aquela bendita,
Mãe do unigênito seu!
Penava e se condoía
Mãe piedosa quando via
As penas do ínclito Filho.
Que homem, pois, não choraria
Se visse a Virgem Maria
Sofrer tão grande suplício?
E quem não se contristara
Se a Mãe pia contemplara
Padecendo com seu Filho?
Por culpas da sua gente,
Viu a Jesus cruelmente
Flagelado com tormentos.
Ela viu seu Filho amado
Morrendo desamparado
Até quando rendeu o espírito.
Eia, Mãe, fonte de amor,
Fazei-me sentir tal dor
Que eu convosco também chore.
Fazei minha alma se inflame,
A Cristo Deus meu só ame
Em ordem a comprazer-lhe.

Santa Mãe, fazei que essas
Divinas Chagas impressas
Fiquem no meu coração.
De vosso Filho chagado,
O que por mim se há dignado
Sofrer, quinhoai comigo.
Em toda minha existência,
De sincera condolência
Por Jesus, chore eu convosco.
Junto à Cruz convosco estar
E a vós me consorciar
No pranto é que desejo.
Virgem das Virgens gloriosa,
Não me sejais rigorosa,
Fazei-me chorar convosco.
De Cristo a morte eu memore,
As santas chagas adore
E da Paixão participe!
Fazei-as bem vulnerar-me,
E de amor inebriar-me
A Cruz, o Sangue do Filho.
De cair no eterno fogo
Livre-me, ó Virgem, teu rogo
Lá no dia do Juízo.
Ó Jesus! no último transe,
Por vossa Mãe eu alcance
Bela palma de vitória.
Quando a morte for chegada,
À minha alma seja dada
Do teu Paraíso a glória.
Amém.

GLÓRIAS DE MARIA

Ó Mãe de Jesus e minha Mãe,
ajuda do que vive,
salvação do que morre,
faz que eu sempre invoque
esse teu doce nome
que tanto alento e confiança
sabe comunicar-me.

A tua piedade recorro
para alcançar de Deus
conformidade com o que mais lhe agrade.
Inspira-me humildade,
tu que foste perfeitamente humilde;
paciência nas contrariedades,
tu que foste paciente;
amor a Deus e ao próximo,
tu que foste toda caridade.
E para aproximar-me confiante de Deus,
dá-me a confiança em ti,
meu refúgio e consolo,
minha onipotente intercessora.

Santo Afonso Maria de Ligório (1696-1787)

O ROSÁRIO DE MARIA SANTÍSSIMA

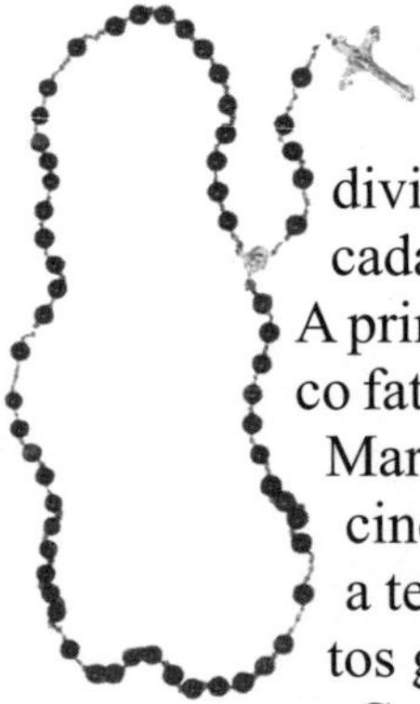

O rosário completo é composto de quinze dezenas, mas é dividido em três partes distintas, cada qual contendo cinco dezenas. A primeira parte compreende os cinco fatos alegres da vida de Jesus e de Maria; a segunda parte relembra cinco acontecimentos dolorosos; e a terceira parte relembra cinco fatos gloriosos.

Começa-se fazendo o sinal da cruz. Depois diz-se o Credo, um Pai-nosso e três Ave-Marias, seguindo a parte do terço que fica próxima da cruz.

A seguir, recorda-se o "mistério", reza-se um Pai-nosso, dez Ave-Marias e um Glória ao Pai. Isto perfaz uma dezena, e todas as outras dezenas são rezadas do mesmo modo, meditando-se em cada dezena um mistério diferente. No fim do rosário pode-se rezar a Salve-Rainha.

Os fatos ou mistérios do rosário são cenas da vida de Jesus e de Maria. Meditando nestas sublimes verdades, chegamos a um melhor entendimento de nossa religião: a Encarnação do Senhor, a Redenção e a vida cristã, presente e futura.

No resumo que segue, as palavras entre parênteses indicam aplicações práticas para a nossa vida diária.

Mistérios Gozosos
2ª e 5ª feira

1. O anjo de Deus anuncia a Maria que ela vai ser a Mãe de Deus (Humildade).

2. Maria visita e ajuda sua prima Isabel (Amor ao próximo).

3. Maria dá à luz Jesus no presépio de Belém (Espírito de pobreza).

4. Jesus é apresentado no templo (Obediência à vontade de Deus).

5. Jesus é encontrado no templo (Fidelidade à vocação).

Mistérios Dolorosos
3ª e 6ª feira

1. Jesus agoniza no horto de Getsêmani (Espírito de oração).

2. Jesus é flagelado na coluna (Modéstia e pureza).

3. Jesus é coroado de espinhos (Coragem).

4. Jesus carrega sua cruz para o Calvário (Paciência no sofrimento).

5. Jesus morre na cruz por nossos pecados (Abnegação de si).

Mistérios Gloriosos
4ª feira, sábado e domingo

1. Jesus ressuscita dos mortos (Fé).

2. Jesus sobe aos céus (Esperança).

3. O Espírito Santo desce sobre os Apóstolos e sobre a Virgem Maria (Sabedoria, amor, zelo, fortaleza).

4. A Mãe de Jesus é elevada aos céus (Felicidade eterna).

5. Maria é coroada Rainha do céu e da terra (Devoção a Maria e perseverança final).

ORAÇÃO A SÃO MIGUEL, ARCANJO (I)

(São Miguel é especialmente encarregado pelo Senhor de nos assistir na hora da morte.)

Glorioso arcanjo São Miguel, pela vossa proteção fazei que, no dia da minha morte, a minha alma seja revestida da graça de Deus, e digna de ser apresentada pelas vossas mãos a Jesus Cristo, meu soberano Juiz. Ah! santo arcanjo, o inferno tem muitas armas com que pode investir contra mim nessa hora: estas armas são os meus pecados, cuja enormidade ele me há de representar então, para me precipitar no desespero; são todas as horríveis tentações com que me há de assaltar para me reduzir a cair no pecado. Ó vós, que vencestes e expulsastes do céu este terrível adversário, vinde vencê-lo de novo e expulsá-lo para longe de mim no momento da minha morte; isto vos suplico pelo grande amor que Deus vos tem, e vós a ele. Ó Maria, Rainha do céu, ordenai a São Miguel me assista à hora da minha morte.

Prática de piedade em honra de São Miguel

1. Saudá-lo de manhã e à noite por esta oração da Igreja.

São Miguel Arcanjo, defendei-nos no combate para que não pereçamos no tremendo juízo.

2. Celebrar sua Novena cada ano, rezando nove Ave-Marias, depois a oração: Glorioso arcanjo...

3. Implorar logo seu socorro nas tentações, e fazer-lhe cada dia uma oração especial para obter sua proteção durante a vida, e sobretudo no momento da morte, por exemplo:

Glorioso príncipe, São Miguel Arcanjo, lembrai-vos de nós; aqui e em toda a parte, rogai sempre por nós ao Filho de Deus.

— Eu cantarei a vossa glória na presença dos anjos, ó meu Deus!

— Eu vos adorarei no vosso santo templo, e bendirei o vosso nome.

OREMOS: Ó Deus, que regulais com admirável ordem os ministérios dos anjos e dos homens, dignai-vos de permitir que aqueles que vos oferecem continuamente os seus serviços no céu, protejam a nossa vida sobre a terra. Por Jesus Cristo, Nosso Senhor. Assim seja.

ORAÇÃO A SÃO MIGUEL, ARCANJO (II)

São Miguel Arcanjo, protegei-nos no combate; cobri-nos com o vosso escudo contra os embustes e ciladas do demônio. Ordene-lhe Deus, instantemente o pedimos: e vós, príncipe da milícia celeste, pelo divino poder precipitai no inferno Satanás e os outros espíritos malignos, que andam pelo mundo para perder as almas. Amém.

ORAÇÃO A SÃO RAFAEL, ARCANJO

Glorioso Arcanjo São Rafael, grande príncipe da corte celeste, ilustre pelos dons da sabedoria e graça, guia dos que viajam por terra e mar, consolação dos miseráveis e refúgio dos pecadores, suplico-vos me assistais em todas as minhas necessidades e penas desta vida, como socorrestes o jovem Tobias nas suas peregrinações. Pois que sois o remédio de Deus, peço-vos humildemente cureis a minha alma das suas numerosas enfermidades, e o meu corpo dos males que o afligem, se é que esta graça me convém. Peço-vos em particular uma angélica pureza, para que destarte mereça ser o templo vivo do Espírito Santo.

AOS SANTOS ARCANJOS MIGUEL, GABRIEL E RAFAEL

São Miguel, glorioso defensor do Povo de Deus, eu vos invoco para que me livreis de toda a adversidade e de todo o pecado, e me ajudeis a progredir no serviço de Deus pelo cumprimento de meus deveres, alcançando-me as graças da perseverança final. Amém.

São Gabriel, glorioso enviado do Senhor para anunciar a Maria sua escolha para Mãe de Jesus, eu vos peço que me ajudeis a compreender e a aceitar a santa vontade de Deus a meu respeito, e que eu seja forte na luta contra meus impulsos desordenados. Amém.

São Rafael, vosso nome diz que sois a Medicina de Deus. Por isso eu vos invoco com o desejo de ser curado de toda a cegueira e de todas as enfermidades do espírito, de tal modo que tenha a mente e o coração abertos para as maravilhas do Senhor. Amém.

Com todos os Anjos, presença viva do Amor Providente de Deus, eu quero cantar as glórias do Pai e do Filho e do Espírito Santo. Uno minha voz ao coro celeste para proclamar: "Santo, Santo, Santo, Senhor, Deus do universo! O céu e a terra proclamam a vossa glória. Hosana nas alturas! Bendito o que vem em nome do Senhor! Hosana nas alturas!"

AO ANJO DA GUARDA (I)

Ó Santo Anjo de minha guarda, a cuja proteção com admirável providência me encomendou o Altíssimo, desde o primeiro instante da minha vida, dou-vos graças pelos cuidados que tivestes de mim, por me haverdes livrado dos perigos espirituais e corporais. A vós me recomendo de novo, ó meu glorioso protetor. Defendei-me dos perigos e ajudai-me com as vossas santas inspirações, para que, sendo fiel a elas, consiga viver santamente neste mundo e gozar depois da vossa companhia na pátria celestial. Amém.

AO ANJO DA GUARDA (II)

Santo Anjo do Senhor,
meu zeloso guardador,
se a ti me confiou
a Piedade divina,
sempre me rege, guarda,
governa e ilumina! Amém.

AO ANJO DA GUARDA (III)

Quanto vos devo, ó meu bom anjo, pelas luzes que me haveis comunicado! E eu nem sempre vos obedeci. Ah! continuai a esclarecer-me, repreendei-me quando cair, e não me abandoneis até o derradeiro instante da minha vida. Ai! santo anjo, quantas vezes vos obriguei, pelos meus pecados, a tapar a face! Perdão vos peço, e suplico-vos intercedais por mim junto do Senhor, porque estou resolvido a não desagradar mais nem a Deus nem a vós pelas minhas faltas. Agradeço-vos, ó príncipe do paraíso, o me terdes assistido durante tantos anos. Eu vos esqueci, mas vós nunca deixastes de pensar em mim. Ignoro o caminho que me resta ainda a percorrer antes de entrar na eternidade; ah! meu caridoso guarda, guardai-me na estrada do céu, e não cesseis de me auxiliar até que me vejais como companheiro vosso no reino dos escolhidos. Amém.

AO ANJO DA GUARDA (I)

Santo Anjo do Senhor,
meu zeloso guardador,
se a ti me confiou
a Piedade divina,
sempre me rege, guarda,
governa e ilumina. Amém.

AO ANJO DA GUARDA (II)

[illegible]

LADAINHA DE TODOS OS SANTOS

Senhor, tende piedade de nós!
Cristo, tende piedade de nós!
Senhor, tende piedade de nós!
Santa Maria, Mãe de Deus,
— **Rogai por nós!**
São Miguel,
Santos Anjos de Deus,
São João Batista,
São José,
São Pedro e São Paulo,
Santo André,
São João,
Santa Maria Madalena,
Santo Estêvão,
Santo Inácio de Antioquia,
São Lourenço,
Santas Perpétua e Felicidade,
Santa Inês,
São Gregório,
Santo Agostinho,
Santo Atanásio,
São Basílio,
São Martinho,
São Bento,
São Francisco e São Domingos,
São Francisco Xavier,
São João Maria Vianney,

Santa Catarina de Sena,
Santa Teresa de Jesus,
Todos os Santos e Santas de Deus,
Sede-nos propício,
— **Ouvi-nos, Senhor!**
Para que nos livreis de todo mal,
Para que nos livreis de todo pecado,
Para que nos livreis da morte eterna,
Pela vossa encarnação,
Pela vossa morte e ressurreição,
Pela efusão do Espírito Santo,
Apesar de nossos pecados,
Jesus, Filho do Deus vivo,
Cristo, ouvi-nos!
— **Cristo, ouvi-nos!**
Cristo, atendei-nos!
— **Cristo, atendei-nos!**
Cordeiro de Deus, que tirais o pecado do mundo,
— **Perdoai-nos, Senhor!**
Cordeiro de Deus, que tirais o pecado do mundo,
— **Ouvi-nos, Senhor!**
Cordeiro de Deus, que tirais o pecado do mundo,
— **Tende piedade de nós!**

Oração

(Esta ou outra semelhante)

Senhor, Deus eterno e todo-poderoso, nós vos bendizemos e glorificamos em todos os vossos santos, sob cuja proteção nos colocamos. Concedei-nos, por sua intercessão, a graça de vos servir nesta vida, cumprindo os vossos mandamentos; e, terminada a nossa peregrinação terrena, possamos ser recebidos entre os vossos eleitos, para vos amar e louvar por toda a eternidade. Amém.

RESPONSÓRIO DE SANTO ANTÔNIO

Contra os males do demônio
quem milagres quer achar
busque logo Santo Antônio,
que hoje vamos celebrar

Sempre atende as nossas preces,
ao doente torna são,
e vencendo as injustiças,
tira o preso da prisão.

As famílias abençoa,
protegendo o casto amor;
se de Pádua foi a glória,
de toda a Igreja é doutor.

Pois atende a todo mundo,
não vê tempo nem lugar;
leva o pão a quem tem fome,
o perdido faz achar.

Não há santo mais humano,
nem mais próximo de nós;
lisboeta ou paduano,
sempre escuta a nossa voz.

Demos glória ao Pai e ao Filho,
ao Paráclito também;
em Antônio e em Francisco,
nos saudemos: "Paz e Bem!"

A SÃO JOÃO BATISTA

Ó glorioso São João Batista, profeta e precursor do Altíssimo, primogênito da graça de Jesus e da intercessão de sua santa Mãe, grande diante do Senhor, pelos dons de que fostes enriquecido desde o seio materno e pela fidelidade no cumprimento da missão recebida de Deus, ajudai-me a acolher a Boa-Nova que anunciastes. Quero fazer de minha existência uma realização da justiça, do amor, da penitência e da pureza que proclamastes. Alcançai-me a graça de pertencer inteiramente ao Reino por vós prenunciado e que está presente entre nós, desde o nascimento de Jesus. Alcançai-me também, meu santo protetor, singular devoção à Virgem Maria que, levada pela caridade e pelo desejo de ajudar, foi com pressa à casa de vossa mãe, Santa Isabel, para serdes abençoado com os dons do Espírito Santo. Estou certo que, com estas graças e amando até à morte a Jesus e a Maria, salvar-me-ei e, no céu, convosco e com todos os anjos e santos, amarei e louvarei a Jesus e a Maria, entre delícias e gozos eternos. Amém.

AOS APÓSTOLOS SÃO PEDRO E SÃO PAULO

Ó glorioso São Pedro, sois o príncipe dos apóstolos, a pedra sobre a qual Deus edificou sua Igreja, aquele a quem o Senhor Jesus confiou a missão de apascentar os cordeiros e as ovelhas de seu rebanho. Tomando-vos por modelo, quero proclamar sempre o meu amor a Jesus, o Cristo, Filho de Deus. De vossa poderosa intercessão junto a Deus espero a graça da fidelidade absoluta à Igreja e ao Santo Padre, o Papa, vosso sucessor. Viva eu e morra como devoto vosso e filho amoroso e obediente da Santa Igreja Católica, Apostólica e Romana.

São Paulo, servo de Cristo Jesus, chamado para ser apóstolo, escolhido para anunciar o Evangelho de Deus aos pagãos, quero agora reafirmar o firme propósito de, a vosso exemplo, não permitir que nada me separe do amor de Jesus Cristo. Ouvindo vossos ensinamentos, reafirmo a fé em que aquele, que ressuscitou o

Senhor Jesus, ressuscitará também a nós com Jesus e nos colocará ao lado dele, juntamente convosco.

Santos Apóstolos, eu vos peço por toda a Igreja: que ela seja, cada vez mais e melhor, um exemplo de fé, esperança e caridade para todos os povos; que sejam todos os homens iluminados pela luz que é Jesus Cristo, resplandecente na face da Igreja, para a glória da Santíssima Trindade. Amém.

A SÃO JOAQUIM E A SANT'ANA

São Joaquim e Sant'Ana, alegro-me de todo o coração convosco pela vossa glória e por aquela honra única pela qual o Senhor vos escolheu para pais de Maria, a Mãe de Jesus. Rogai a Deus pelas famílias; que elas sejam na verdade uma comunidade de vida e de amor, a "Igreja doméstica", onde os esposos significam e participam do mistério de unidade, fidelidade e amor fecundo entre Cristo e a Igreja, ajudando-se na santificação mútua, na aceitação e educação dos filhos. Que os pais sejam para os filhos e pela palavra e pelo exemplo, os primeiros mestres da fé. Que os filhos respeitem, escutem e obedeçam aos pais, honrando-os por toda a vida. Que Deus seja sempre amado e louvado em todos os lares, como o foi no vosso! Amém.

A SÃO BENEDITO

Ó glorioso protetor, São Benedito, agora no céu estais gozando o prêmio de vosso sincero amor a Deus e de fidelidade à Santa Igreja Católica. Voltai vossos olhos de proteção sobre vossos fiéis, para que sigamos sempre o caminho do bem e da virtude. Pela vossa intercessão junto a Deus, ajudai-nos a libertar-nos da superstição e do erro, e mostrai-nos o caminho do céu e da salvação. Assim seja.

ORAÇÃO DE SÃO BENTO

Concede-me, Senhor,
inteligência que te possa compreender,
intuição que te possa contemplar,
coração que em ti somente encontre
seu prazer,
fome que me faça procurar-te sempre,
sabedoria que te encontre,
olhar que te possa reconhecer.
Dá-me um coração que pense em ti,
e por amor amando me faça viver.
Quero ouvir tuas palavras
e ver teus vestígios no mundo,
em mim, e nos homens meus irmãos.

EM HONRA DE SÃO BENTO

Ó Deus eterno e todo-poderoso, fizestes São Bento grande mestre na escolha do vosso serviço. Concedei que, nada preferindo ao vosso amor, corramos de coração aberto no caminho dos vossos mandamentos e sejamos livres de tudo o que impede o nosso crescimento na vida de amor. Assim seja.

A SÃO BRÁS

Ó bondoso São Brás, zeloso bispo e pastor amoroso dos cristãos a vós confiados, que testemunhastes com o martírio vossa fé e vosso amor a Jesus Cristo, obtende-me a graça de ser fiel à missão que Deus me confiou no mundo.

E porque Deus vos concedeu também o dom de proteger seus filhos e filhas contra os males da garganta, peço vossa especial proteção para minha garganta e para minha voz, de modo que possa, durante toda a minha vida, louvar e bendizer a Deus, e ensinar os outros a fazerem o mesmo. Amém.

São Brás, rogai por nós!

A SÃO COSME E A SÃO DAMIÃO

São Cosme e São Damião, que testemunhastes vosso amor a Cristo, fazendo da vossa profissão de médicos um verdadeiro sacerdócio, na evangelização dos pagãos, peço vossa especial proteção para minha saúde física e mental.

Peço vossa proteção também para os médicos e outros profissionais da saúde, para que exerçam sua profissão com amor e espírito de serviço.

E já que sois protetores das crianças, peço-vos por todas as crianças, principalmente as abandonadas. Amém.

São Cosme e São Damião, rogai por nós!

A SÃO CRISTÓVÃO

Ó São Cristóvão, que colocastes vossa força física a serviço dos irmãos, transportando-os na travessia do rio, e tivestes a honra de carregar nos ombros o próprio Jesus, Senhor do mundo, obtende-me a disposição de colocar-me a serviço de nosso Deus, amando-o principalmente nos irmãos mais necessitados.

E porque fostes escolhido como padroeiro dos motoristas, peço vossa especial proteção para todos aqueles que dirigem veículos, seja na terra, no ar ou no mar. Que tenham consciência de sua responsabilidade, habilidade no volante e sejam protegidos de todos os perigos, para que cheguem sãos e salvos ao término de suas viagens, junto com todos os que os acompanharem. Amém.

São Cristóvão, rogai por nós!

A SANTA EDWIGES

Santa Edwiges, que amastes a virgindade como forma de agradar a Deus; que honrastes o matrimônio como esposa fiel e mãe amorosa; e, ficando viúva, escolhestes a vida religiosa como forma de consagrar totalmente ao Senhor o resto de vossa vida, ajudai-me a servir a Deus, conservando puro o meu coração e cumprindo fielmente a missão que ele me confiou neste mundo.

E pelo vosso desapego aos bens materiais e pelo vosso amor aos pobres, ensinai-me a abrir meu coração aos pobres e necessitados. E por que vos invocam ainda como “protetora dos endividados”, peço-vos que me ajudeis em minhas necessidades essenciais, de modo que possa oferecer à minha família uma vida digna. Amém.

Santa Edwiges, rogai por nós!

EM HONRA DE SÃO FRANCISCO DE ASSIS

Ó Deus, fizestes São Francisco assemelhar-se ao Cristo por uma vida de humildade e pobreza. Concedei-nos que, seguindo fielmente o vosso Filho, trilhemos o mesmo caminho de São Francisco. Unidos com ele na perfeita alegria de ser discípulos, filhos e testemunhas de Jesus em nossa vida, cheguemos à bem-aventurança. Amém.

ORAÇÃO DE SÃO FRANCISCO

Senhor, fazei-me instrumento de vossa paz.
Onde houver ódio, que eu leve o amor.
Onde houver ofensa, que eu leve o perdão.
Onde houver discórdia, que eu leve a união.
Onde houver dúvida, que eu leve a fé.
Onde houver erro, que eu leve a verdade.
Onde houver desespero, que eu leve
a esperança.
Onde houver tristeza, que eu leve a alegria.
Onde houver trevas, que eu leve a luz.
Ó Mestre, fazei que eu procure mais:
Consolar, que ser consolado;
compreender, que ser compreendido;
Amar, que ser amado.
Pois é dando que se recebe.
É perdoando que se é perdoado.
E é morrendo que se vive para a vida eterna.

EM HONRA DE SANTA RITA

Ó Deus poderoso e fiel, distinguistes a vossa grande serva, Santa Rita, com muitas graças e favores. Fizestes dela exemplo de mãe dedicada ao lar, de esposa compreensiva e de religiosa exemplar. Concedei pela sua intercessão que compreendamos os vossos caminhos e cheguemos à realização plena e perfeita da vossa vontade. Amém.

EM HONRA DE SÃO SEBASTIÃO

Ó Deus todo-poderoso e Deus forte, concedei--nos por intercessão do vosso mártir São Sebastião o espírito de fortaleza. Que aprendamos com ele a saber distinguir os valores da vida terrena e os valores eternos, para obedecer mais a vós do que aos homens. Em qualquer situação da vida e de trabalho, tenhamos o vosso Espírito para saber escolher o que é da vossa vontade. Amém.

A SANTA TERESINHA DO MENINO JESUS

Ó Santa Teresinha, sois exemplo de simplicidade e humildade e sempre vos colocastes nas mãos do Pai. Intercedei junto a Deus para que os homens compreendam o vosso caminho, que leva ao céu, para que, vencendo o egoísmo e o orgulho, possam construir um mundo melhor e conquistem os povos para o Reino de Cristo pelo amor, justiça e paz. Fazei com que os homens compreendam a mensagem do Evangelho e sejam atraídos a viver o ideal cristão do amor, pelo espírito de desapego e doação. Santa Teresinha do Menino Jesus, padroeira das missões, rogai por nós e protegei os missionários. Amém.

A SÃO VICENTE DE PAULO

São Vicente de Paulo, padroeiro de todas as associações de caridade e pai de todos os infelizes, vede a multidão de males pelos quais está passando a humanidade do nosso tempo! Alcançai do Senhor socorro para os pobres, alívio aos enfermos, consolação aos aflitos, proteção aos desamparados, abertura de espírito aos ricos, conversão dos pecadores, zelo aos sacerdotes e paz à Igreja. Pela vossa intercessão e seguindo o vosso exemplo de total desapego das coisas deste mundo e de amor aos homens, saibamos transformar a nossa sociedade, e dar condições para que as pessoas cheguem ao conhecimento e ao amor a Deus, e se preparem para a eternidade. Amém.

ORAÇÃO A SÃO GERALDO

Ó São Geraldo, à imitação de Jesus, passaste pelo mundo fazendo o bem e realizando maravilhas. À tua passagem renascia a fé, reflorescia a esperança, se reacendia a caridade e todos corriam a ti, pois eras o guia, o amigo, o conselheiro, o benfeitor.

Eras imagem claríssima de Jesus e todos, em tua humilde pessoa, viam Jesus Peregrino entre os homens peregrinos. Ó São Geraldo, nos transmites a mensagem de Deus que é mensagem de Fé, Esperança e Caridade, mensagem de bondade e de fraternidade. Faze com que possamos acolher esta mensagem no coração e na vida.

São Geraldo, volta-te para nós e olha os pobres, os desempregados, os sem casa, as crianças, os jovens, os velhos, os doentes na alma e no corpo, principalmente as mães. Todos se voltam para ti e te abrem o coração.

Tu que és imagem de Jesus Crucificado, consigas de Deus a graça, o sorriso, o milagre. Quantos são os que te amam, que se gloriam da tua proteção, quantos principalmente querem imitar a tua vida para que possam, ó São Geraldo, formar uma grande Família, que caminhe segura na esperança do Reino de Deus, onde unidos a ti cantaremos todos glória a Deus e o amaremos para sempre. Amém.

PRECE DA FAMÍLIA

Senhor Jesus Cristo, vivendo em família com Maria, vossa Mãe, e com São José, vosso pai adotivo, santificastes a família humana.

Vivei também conosco, em nosso lar, e assim formaremos uma pequena Igreja, pela vida de fé e oração, amor ao Pai e aos irmãos, união no trabalho, respeito pela santidade do matrimônio e esperança viva na vida eterna.

Vossa vida divina, alimentada nos sacramentos, especialmente na Eucaristia e na vossa Palavra, nos anime a fazer o bem a todos, de modo particular aos pobres e necessitados.

Em profunda comunhão de vida nos amemos na verdade, perdoando-nos quando necessário, por um amor generoso, sincero e constante.

Afastai de nossos lares, Senhor Jesus, o pecado da infidelidade, do amor livre, do divórcio, do aborto, do egoísmo, da desunião, e toda influência do mal e do demônio.

Despertai em nossas famílias vocações para o serviço e o ministério dos irmãos, em especial, vocações sacerdotais e religiosas. Que nossos jovens, conscientes e responsáveis, preparem-se dignamente para o santo matrimônio.

Senhor Jesus Cristo, dai, enfim, às nossas famílias coragem nas lutas, conformidade nos sofrimentos e alegria na caminhada para a Casa do Pai. Assim seja!

ORAÇÃO DO PAI

Às vezes, meu Deus, eu sinto cansaço de ser pai. Foi uma responsabilidade muito grande que me impusestes. Fico pensando seriamente se sou um bom pai...

Sinceramente, Senhor, a cruz da paternidade é muito pesada. E, quantas vezes, a incompreensão e a ingratidão a tornam mais pesada ainda.

Senhor, dai-me paciência para com os meus filhos. Dai-me prudência quando lhes dou conselhos. Dai-me um grande amor para educá-los. Dai-me o necessário para sustentá-los. Dai-me desprendimento para orientá-los para o futuro que vós lhes preparais. Dai-me generosidade para incentivá-los se vós os chamardes para o sacerdócio ou a vida religiosa.

Que eu seja um bom esposo e um bom pai, conforme a vossa vontade, durante toda a minha vida. Esta é a graça que eu suplico e espero de vós, Senhor. Amém.

PRECE DA MÃE

Senhor, dai-me a sabedoria de educar meus filhos como vós quereis, de ver em cada um deles vossa imagem, de desenvolver neles o amor fraterno, de alimentar neles o desejo de se assemelharem a vós, de fomentar neles a vocação que vós lhes inspirais.

Senhor, no encaminhamento desses seres queridos que confiastes aos meus cuidados, ajudai-me a animar sempre e nunca desanimar, a ser, como Maria, exemplo de Mãe, a seguir com bondade e inteligência a sua caminhada.

Senhor Jesus, escutai a minha prece. Vós chamais para o sacerdócio ou a vida religiosa os que vós quereis, vós os confiais aos cuidados de uma mãe, vós mesmo — Sacerdote por excelência — tivestes uma Mãe por excelência. Vós que escolheis hoje as mães dos sacerdotes futuros, preparai-as para que sejam mães santas.

Acima de tudo, Senhor, eu vos peço que meus filhos permaneçam sempre perto de vós, não somente durante a peregrinação terrestre, mas para os infindos dias da eternidade. Assim seja.

ORAÇÃO DA MÃE A SÃO GERALDO

Glorioso São Geraldo, que viste em cada mulher a imagem de Maria, esposa e mãe de Deus, e quiseste que todas estivessem à altura de sua missão, e as auxiliaste com teu apostolado, abençoa-me e a todas as mães do mundo.

Faze-nos fortes para que possamos manter unidas nossas famílias.

Socorra-nos na difícil tarefa de educar cristãmente os filhos.

Dá aos maridos a coragem da fé e do amor para que, com teu exemplo e confortados com teu auxílio, possamos ser instrumentos de Jesus para tornar o mundo melhor e mais justo.

De modo especial, socorre-nos nas doenças, na dor e em todas as necessidades.

Dá-nos a força de aceitar tudo de modo cristão, para que possamos também nós ser imagem de Jesus crucificado como tu o foste.

Dá a nossas famílias a alegria, a paz e o amor de Deus. Amém.

PEDINDO O DOM DA MATERNIDADE

São Geraldo, quando estavas aqui na terra, fizeste sempre a vontade de Deus conformando-te a ela até ao heroísmo. E Deus te glorificou realizando obras maravilhosas por teu intermédio.

Também eu quero procurar sempre a vontade de Deus e a ela quero me sujeitar com todas as minhas forças.

Mas intercede por mim diante de Deus. Ele, que é o Doador da Vida, me conceda o dom da maternidade. Faça também de mim um instrumento de sua criação. Dê também a mim a alegria de apertar sobre os braços uma criatura minha, para cantarmos juntos a glória de Deus.

São Geraldo, não me abandones. Escuta minha oração. Torna fecundo meu amor, que o próprio Deus abençoou no dia da celebração de meu matrimônio.

Se intercedes por mim, tenho certeza de que logo também na minha casa haverá um alegre choro de criança que testemunhará o amor de Deus pela humanidade.

É o que desejo e espero, se for esta a vontade de nosso Deus. Amém.

POR UMA MATERNIDADE EM PERIGO

São Geraldo, sabes quanto pedi para que também em mim acontecesse o milagre da vida, e quanto me alegrei quando senti os primeiros movimentos e tive a certeza de que meu corpo se tornara templo de uma nova vida.

Mas sabes também que a criatura que está dentro de mim corre perigo, e que minha tão esperada gravidez corre risco de ser interrompida.

São Geraldo, conheces minha expectativa e minha aflição. Não permitas, portanto, que minha alegria se transforme em choro. Intercede com teu poder junto de Deus, Senhor da vida, para que eu não seja privada da alegria de apertar entre meus braços, um dia, uma viva testemunha de seu grande amor.

São Geraldo, tenho certeza de tua intercessão. Em ti confio, em ti espero. Amém.

ORAÇÃO ANTES DO PARTO

Vamos erguer louvores ao Cristo Senhor, bendito fruto do ventre de Maria, que se dignou, pelo mistério de sua encarnação, trazer ao mundo graça e bondade e digamos:

— **Bendito sois, Senhor, por vossa bondade.**

— Senhor, que quisestes fazer-nos homem mediante uma mulher, para podermos receber a adoção de filhos.

— Senhor, que não recusastes o seio de uma mãe, ao contrário, quisestes fosse proclamada a bem-aventurança do ventre que vos carregou e dos seios que vos amamentaram.

— Senhor, que, por meio da Virgem Maria, bendita entre as mulheres, quisestes honrar o sexo feminino.

— Senhor, que, quando destes por mãe à Igreja, Maria, que tínheis escolhido para vossa.

— Senhor, que, pela missão das mães, promoveis nova geração de filhos na vossa Igreja, multiplicando o regozijo e aumentando a alegria de todos.

Oração da Bênção

Deus, que pelo parto da bem-aventurada Virgem Maria, anunciou e assegurou ao gênero humano a alegria da salvação eterna, nos abençoe e nos guarde.

— **Amém.**

Ritual de bênçãos da CNBB

ORAÇÃO DEPOIS DO PARTO

Vamos agradecer ao Senhor nosso Deus pela nova vida que desabrochou nesta família e lhe digamos:

— **Obrigado, Senhor**.

— Pela criancinha, que quisestes dar a esta mãe.

— Pela saúde física, que, por vossa bondade, gozam a mãe e a criança.

— Pelo sacramento do batismo, com que transformastes o coração da criança em templo do Espírito Santo.

— Pela alegria tranquila, que vos dignastes infundir no coração de todos com este nascimento.

— Por todos os benefícios, com que, ó Pai, nos favoreceis continuamente.

Oração da Bênção

A misericórdia de Deus Pai todo-poderoso, a paz do Filho unigênito Jesus Cristo, a graça e a consolação do Espírito Santo guardem a vossa vida, para que todos, caminhando à luz da fé, possais alcançar os bens prometidos por Deus.

E a nós todos abençoe Deus todo-poderoso, Pai e Filho e Espírito Santo.

— **Amém.**

Ritual de bênçãos da CNBB

ORAÇÃO PELA FAMÍLIA

Que nenhuma família comece em qualquer
de repente,
que nenhuma família termine por falta
de amor.
Que o casal seja um para o outro de corpo
e de mente,
e que nada no mundo separe um casal
sonhador.
Que nenhuma família se abrigue debaixo
da ponte,
que ninguém interfira no lar e na vida
dos dois.
Que ninguém os obrigue a viver sem
nenhum horizonte.
Que eles vivam do ontem, no hoje e
em função de um depois.
Que a família comece e termine sabendo
aonde vai.
E que o homem carregue nos ombros
a graça de um pai.
Que a mulher seja um céu de ternura,
aconchego e calor,
e que os filhos conheçam a força que
brota do amor.
Abençoa, Senhor, as famílias amém.
Abençoa, Senhor, a minha também.
Que marido e mulher tenham força de
amar sem medida.
Que ninguém vá dormir sem pedir ou
sem dar seu perdão.

Que as crianças aprendam no colo o
sentido da vida.
Que a família celebre a partilha do abraço
e do pão.
Que marido e mulher não se traiam nem
traiam seus filhos.
Que o ciúme não mate a certeza do amor
entre os dois.
Que no seu firmamento a estrela que tem
maior brilho
seja a firme esperança de um céu aqui
mesmo e depois.

Pe. Zezinho, SCJ

ORAÇÕES PELOS AGONIZANTES, PELOS MORTOS E PELAS ALMAS DO PURGATÓRIO

PREPARAÇÃO PARA A BOA MORTE

Quando chegará, Senhor, o dia
em que possa dizer-te
que não mais poderei perder-te?
Quando me será dado
olhar-te face a face?
Quando descansarei por fim
em tua desejada paz?

Ainda que tema deixar esta vida,
é maior meu desejo de ver-te.
Se quero continuar servindo-te aqui
é somente para crescer
na vontade de amar-te.
Permite-me que antes de partir
seja completamente teu.
E já que me buscaste
quando fugia de ti,
agora que te busco
sai, Deus meu, ao meu encontro.

Santo Afonso Maria de Ligório (1696-1787)

ORAÇÃO À SANTÍSSIMA VIRGEM PARA OBTER UMA BOA MORTE

Ó Maria, concebida sem pecado, rogai por nós que recorremos a vós. Ó Refúgio dos pecadores, Mãe dos agonizantes, não nos desampareis na hora da nossa morte, mas alcançai-nos um sincero arrependimento de nossos pecados, uma grande esperança na misericórdia divina e uma digna recepção do santo Viático, para que possamos, seguros, apresentar-nos ante o trono do justo, mas também misericordioso Juiz, Deus e Redentor nosso. Amém.

PELOS MORTOS

Deus nosso Pai, ouvi as nossas preces! Sede misericordioso para com todos os vossos filhos que chamastes deste mundo. Dai-lhes a felicidade, a luz e a paz!

Que encontrem o vosso perdão que sempre suplicaram.

Não permitais que sofram aqueles que creram em vós. Que a sua vida não seja tirada, mas transformada. Concedei-lhes que, tendo participado da morte do Cristo pelo Batismo, participem igualmente de sua ressurreição. Fazei brilhar para eles aquele dia em que Jesus vai ressuscitar os mortos, tornando o nosso pobre corpo semelhante ao seu corpo glorioso.

Senhor, acolhei todos os nossos falecidos no banquete do vosso Reino.

Nós nos unimos a eles, esperando também, um dia, saciar-nos plenamente da vossa glória, quando enxugardes toda a lágrima dos nossos olhos.

Então, contemplando-vos como sois, seremos para sempre semelhantes a vós, e cantaremos juntos sem cessar os vossos louvores.

Tudo isso vos pedimos por Jesus Cristo, vosso Filho e nosso Senhor, e unidos pelo mesmo Espírito Santo. Amém.

PELOS PAIS FALECIDOS

Ó Deus, que mandastes honrar pai e mãe, sede clemente e misericordioso com as almas de meu pai e de minha mãe. Perdoai-lhes os pecados, recompensai-os por tudo de bom que realizaram neste mundo e fazei que eu possa, um dia, reunir-me a eles, na alegria e na eterna luz. Amém.

ORAÇÃO PELAS ALMAS DO PURGATÓRIO

Ó Deus, Criador e Redentor de todos os fiéis, concedei às almas de vossos servos a remissão de todos os seus pecados, para que obtenham o perdão que sempre desejaram: vós, que viveis e reinais pelos séculos dos séculos.

Concedei-lhes, Senhor, o eterno descanso e a luz perpétua brilhe para eles. Descansem em paz. Amém.

ORAÇÃO DE CRIANÇA (I)

Meu Deus,
agradeço porque tenho a vida.
Tenho mais um dia.
Quero usar bem
esse presente
que o Senhor me faz.

Meu Deus,
eu lhe ofereço
todo este meu dia.
Ofereço ao Senhor
os meus trabalhos
e os meus brinquedos.
Tome conta de mim
para que eu não faça nada
que o aborreça.

Flávio Castro

ORAÇÃO DE CRIANÇA (II)

Jesus, eu gosto do Senhor. Muito obrigado pela vida que o Senhor me deu! Muito obrigado por papai e mamãe e por todas as pessoas que o Senhor colocou bem perto de mim.

Jesus, eu estou crescendo não só por fora, para ter um corpo bonito e forte, mas ajude-me a crescer também por dentro, para ter um coração cheio de bondade. Jesus, ajude-me a ser feliz, ajude-me a não ter medo de ser sincero. Quero crescer com alegria e fazer muita gente feliz, porque eu existo.

Jesus, eu gosto do Senhor, de todo o coração, e vou gostar de todo mundo, como o Senhor gosta de mim. Amém.

ORAÇÃO DO ESTUDANTE

Cristo, quero falar contigo, sobre minha vida.

Há tantas coisas para aprender!

São muitos os que gostam de falar sobre a vida, mas bem poucos nos ensinam a viver.

Senhor, eu quero estar preparado para assumir a minha responsabilidade na construção do mundo.

Quero que todos os meus estudos me ajudem a descobrir, principalmente, a arte de viver e de conviver.

Por isso, Cristo, dirijo-me a ti, consagrando-te este meu tempo de formação.

Peço-te que me ilumines por dentro e sejas o Mestre do meu viver.

Ajuda-me a usar a inteligência para compreender as pessoas, mais do que as coisas.

Fortifica-me a vontade, para que assuma este tempo de formação com persistência e honestidade, sem temer os sacrifícios.

Não permitas que a busca de diplomas, promoções e lucros tire do meu coração a alegria de servir com desinteresse e de me doar por amor.

Neste mundo de consumo e de confusão, ajuda-me, Senhor, a ser gente, a viver livremente, a ser amigo e a viver contigo em todas as situações.

Que o teu Evangelho seja a minha luz, e terei certeza que não vou me enganar na conquista de minha verdadeira realização e felicidade. Amém.

VEM E SEGUE-ME
ORAÇÃO VOCACIONAL

Senhor da Messe e Pastor do rebanho, fazei ressoar em nossos ouvidos vosso forte e suave convite: "Vem e segue-me"! Derramai sobre nós o vosso Espírito; que ele nos dê sabedoria para ver o caminho e generosidade para seguir vossa voz.

Senhor, que a Messe não se perca por falta de operários. Despertai nossas Comunidades para a Missão. Ensinai nossa vida a ser serviço. Fortalecei os que querem dedicar-se ao Reino, na Vida Consagrada e Religiosa.

Senhor, que o rebanho não pereça por falta de pastores. Sustentai a fidelidade de nossos bispos, padres e ministros. Dai perseverança a nossos seminaristas. Despertai o coração de nossos jovens para o ministério pastoral em vossa Igreja.

Senhor da Messe e Pastor do rebanho, chamai-nos para o serviço de vosso povo.

Maria, Mãe da Igreja, modelo dos servidores do Evangelho, ajudai-nos a responder SIM. Amém.

Conferência Nacional dos Bispos do Brasil, 1983

PRECE DE NATAL

Amável Jesus Menino,
a gente é tão atenciosa
socialmente, que se alguém recebe
uma visita, um presente
ou outra prova de afeto,
sente-se como que forçado
a corresponder.
Mas somos tão ingratos contigo,
que te dás a nós,
e só respondemos
com esquecimento e com ofensas.

Graças, Senhor,
por haver descido no seio do Pai.
Contemplo-te humilhado,
feito menino, e me aborrece o desprezo

com que te acolhemos.
Ofereço-te meu pobre coração,
como morada.
Entra nele e fica para sempre.

Santo Afonso Maria de Ligório (1696-1787)

LOUVORES EM REPARAÇÃO DAS BLASFÊMIAS

Bendito seja Deus! Bendito seja seu santo nome! Bendito seja Jesus Cristo, verdadeiro Deus e verdadeiro homem! Bendito seja o nome de Jesus! Bendito seja seu sacratíssimo Coração! Bendito seja seu preciosíssimo Sangue! Bendito seja Jesus no Santíssimo Sacramento do altar! Bendito seja o Espírito Santo Paráclito! Bendita seja a grande Mãe de Deus, Maria Santíssima! Bendita seja a sua gloriosa Assunção! Bendito seja o nome de Maria, Virgem e Mãe! Bendito seja São José, seu castíssimo esposo! Bendito seja Deus, em seus anjos e em seus santos!

ORAÇÃO PELA IGREJA E PELA PÁTRIA

Deus e Senhor nosso, protegei a vossa Igreja, dai-lhe santos pastores e dignos ministros; derramai as vossas bênçãos sobre o nosso Santo Padre o Papa, sobre o nosso bispo, sobre o nosso pároco e todo o clero; sobre o chefe da Nação, do Estado e sobre todas as pessoas constituídas em dignidade, para que governem com justiça. Dai ao povo brasileiro paz constante e prosperidade completa. Favorecei, com os efeitos contínuos da vossa bondade, o Brasil, este bispado, a paróquia em que habitamos, a cada um de nós, em particular, e a todas as pessoas por quem somos obrigados a orar, ou que se recomendaram às nossas orações. Tende misericórdia das almas dos fiéis que padecem no purgatório; dai-lhes, Senhor, o descanso e a luz eterna. Amém.

ORAÇÃO PELO MIGRANTE

Ó Cristo Peregrino, tu que fizeste de tua vida toda uma caminhada ao encontro do Homem, a fim de levá-lo ao Pai, nós te pedimos pelo migrante mais pobre e abandonado.

Senhor, conduze-o para uma terra que o alimente, sem tirar-lhe a identidade e o coração. Que o teu Espírito o fortaleça a prosseguir rumo à verdadeira Terra Prometida, vivendo a justiça, a solidariedade e a paz.

Dá-nos a graça, de acolhê-lo com fé e amor, ajudando-o a caminhar com coragem e esperança.

Maria, Mãe do Migrante, nós o colocamos sob o teu amparo de mãe. Abençoa-o e conduze-o ao encontro do Pai. Amém.

ORAÇÃO DO CATEQUISTA

Senhor, vós me chamastes a ser catequista na vossa Igreja neste imenso Brasil, na vossa comunidade que também é minha.

Vós me confiastes a missão de anunciar a vossa Palavra, de denunciar o pecado, de testemunhar, pela minha própria vida, os valores do Evangelho.

Recuo diante do vosso chamado. É pesada, Senhor, a minha responsabilidade. Mas, se me escolhestes, confio na vossa graça.

Caminharemos juntos, Senhor. Vós, apoiando-me, iluminando-me; eu, colocando-me à vossa disposição, à disposição da Igreja, preparando-me e atualizando-me sempre mais para servir melhor o vosso povo.

Fazei-me o vosso instrumento para que venha o vosso Reino, Reino de amor e paz, de fraternidade e justiça, Reino, no qual Deus será tudo em todos. Amém.

ORAÇÃO DOS CRISTÃOS E CRISTÃS LEIGOS

Senhor da Vida, ajuda-nos a descobrir nossa missão.

Que teu Espírito nos ilumine para tomarmos consciência de que somos Igreja.

E que sejamos, cada vez mais, uma Igreja misericordiosa, missionária, participativa. Igreja de irmãos e irmãs, não de superiores e inferiores, sem distância entre leigos e padres, corresponsável nas decisões.

Que o testemunho de teu Filho Jesus nos encoraje a sermos profetas de um mundo novo, mais justo, solidário e acolhedor.

Senhor, que tendo experimentado tua bondade, possamos revelá-la aos outros, indo ao encontro dos anseios e sofrimentos dos homens e mulheres de hoje.

Ajuda-nos a tratar a todos como irmãos, especialmente os excluídos.

A colaborar com serviço e participação na transformação da sociedade.

Para isso pedimos a graça de uma formação que nos leve:

— a aprofundar a fé, relacionando-a com a vida concreta;

— a vivenciar a espiritualidade como experiência de Deus e abertura aos irmãos;

— a nos organizarmos para melhor cumprir nossa missão, a serviço da vida e da esperança.

Amém!

ORAÇÃO DOS DOENTES ALCOÓLATRAS

Sob vossa Piedade, Santa Mãe de Deus, colocamos todos os doentes alcoólatras. Não desprezeis as suas súplicas e as de seus parentes e amigos. Livrai-os de sua pertinaz doença, se for isso da vontade de Deus, começando eles por vinte e quatro horas de abstenção das bebidas alcoólicas. Evitarão, assim, de caminhar muito depressa para a morte, proporcionando mais paz para si e para todos, que lhes são parentes e amigos.

Sozinhos, serão incapazes dessa abstenção, ó Piedade de Maria! Que se convençam humildemente disso, portanto, e, por Vossa Maternal Piedade, busquem segurança em Deus, Pai Verdadeiro e Ser Superior.

Olhai principalmente, ó Piedade de Maria, pelo(s) vosso(s) filho(s) ou filha(s)...

Desça por sobre todos assim doentes e por sobre todos nós, através da vossa piedade, ó Maria, a bênção do Divino Pai Eterno, na eterna união com Jesus e o Espírito Santo. Amém.

Ladainha suplicante

São José, operário e guarda de Jesus, Filho do Divino Pai Eterno, venha em nosso auxílio, junto à Piedade de Maria!

São Brás, protetor contra as doenças da garganta, que é o veículo das bebidas, consegui, pela Piedade de Maria, se manifeste a Vontade do Divino Pai Eterno em favor desses doentes!

São Judas Tadeu e Santa Rita de Cássia, intercessores valiosos nas horas de dedicação, valei-nos pela Piedade de Maria.

Santo Antônio de Pádua, Doutor da Igreja, pela vossa intercessão em tudo que parece perdido, intercedei por todos nós, ante a Piedade de Maria!

Santa Edwiges, amparo dos desvalidos e desprotegidos financeiramente, amparai, pela Piedade de Maria, os doentes alcoólatras, seus familiares e a todos nós. Amém!

ORAÇÃO ANTES DE UMA VIAGEM

Senhor, tu conheces todos os caminhos e diante de ti não há segredos; nada está oculto aos teus olhos e nada acontece sem tua permissão.

Concede-me a felicidade de iniciar esta viagem, lembrando-te de mim e dando-me a possibilidade de ida e de retorno em paz e tranquilidade no teu infinito amor e na tua benevolência.

Acompanha-me com tua bondosa segurança e dirige os meus passos e destinos com o costumeiro amor do teu coração, mantendo-me sempre perto de ti.

Faze-me ver claramente os obstáculos e as dificuldades, ajudando-me a encontrar soluções e saídas. Que eu fique a salvo de aflições e desesperos, graças à tua bênção e à tua paz.

Bendito sejas, ó eterno Deus, nosso Pai, que me conservaste em vida, e me aparelhaste para que, à luz da tua presença, encontre sempre novos caminhos e a resposta plena aos meus anseios. Amém.

PRECE DO TURISTA

Senhor, vou descobrir em minhas férias, as maravilhas da natureza, da arte, do homem. Possa eu encontrar na vastidão, na variedade dos horizontes e das criaturas teu vestígio imutável, eterno. E com estes tesouros na alma faze que eu retorne às pequenas e grandes coisas de cada dia com a fisionomia pura e sorridente.

Dom David Picão

ORAÇÃO NA MINHA COZINHA

Meu Deus, Senhor das panelas, tigelas e marmitas que estão na minha cozinha e com as quais me ocupo, infelizmente não posso ser a santa que medita, sentada aos pés do Mestre ou que borda para ele com mãos muito alvas e casula bendita. Então... seja eu santa a trabalhar aqui.

Que eu vos agrade, reanimando o fogo, vigiando a sopa, areando a pia. De Maria tenho as mãos, seja minh'alma de Maria. Quando lavo o chão, de joelhos no ladrilho, penso nas vossas mãos que tocaram nossa impureza e se calejaram exercendo um ofício.

Para rezar tranquilamente, tempo não tenho. Entretanto repito ainda: Aquecei minha cozinha com o fogo do vosso Amor. Que a vossa bondade infinda corrija os excessos de meu humor desigual. E faça calar assim os rumos de minhas queixas.

Tantas vezes, Senhor, alimentastes vossos amigos, na Montanha, à beira do lago ou junto ao mar. Quando eu servir esta refeição que fiz, sereis vós mesmo, Senhor, que a ireis tomar, pois sois vós que eu sirvo, servindo-os aqui.

Autor desconhecido,
tradução de M. Cecília Duprat

ORAÇÃO DO MINISTRO DA EUCARISTIA

Senhor Jesus, tu me deste a graça de ser ministro e servo de teu Corpo abençoado.

Quantas vezes levo o calor de tua visita aos doentes da minha comunidade e distribuo teu Corpo aos homens e mulheres na hora da celebração da Missa.

Tenho muita alegria em ser teu servidor e poder encontrar pessoas simples e pobres, doentes e idosas, esperando a visita reconfortante do teu Amor.

Que eu seja digno servidor, que eu possa sempre ter em minha vida esta atitude de serviço e de dom que transparecem tão belamente em tua trajetória humana.

Hoje ainda, na glória, no mistério do sinal do Pão, tu te entregas aos homens e te serves de minhas mãos e de minha vida para fazer-te oferenda.

Faze, Senhor, que a palavra de meus lábios corresponda à minha vida, que eu seja puro de coração e de intenção, que eu desapareça totalmente no meu ministério. Que eu seja irmão daqueles homens e daquelas mulheres que recebem teu Corpo. Que eles estejam presentes em minha oração em todos os momentos.

Que eu te sirva, Senhor Jesus, com toda humildade.

BÊNÇÃO DE AARÃO

(Nm 6,24-26)

Deus vos abençoe e vos guarde.
R. Amém.
Ele vos mostre a sua face
e se compadeça de vós.
R. Amém.
Volva para vós o seu olhar
e vos dê a sua paz.
R. Amém.
* Abençoe-vos Deus todo-poderoso,
Pai e Filho † e Espírito Santo.
R. Amém.

ORAÇÃO PARA AS HORAS CINZENTAS

Nem todo dia, Senhor, é dia da claridade.

Têm dias que o sol se cobre e nuvens aparecem no céu e no horizonte de minha vida.

As belas coisas que te prometi, os lindos anseios que me animavam, os sonhos que alimentei se desmoronam.

Vejo então tudo diferente.

A monotonia da vida, a maldade dos corações dos homens, a futilidade das coisas de todos os dias, as incompreensões que vivo a cada instante me fazem viver horas cinzentas e escuras.

Senhor, eu sei que essas horas passam...

Sei que por detrás das nuvens brilha ainda o sol.

Sei que apesar dos pesares o mundo está em tuas mãos.

Sei, mas é difícil crer, é tremendamente difícil crer.

Crer num mundo novo, quando tudo parece me falar de ódio.

Crer nas pessoas quando tenho certeza que elas não estão dispostas a viver o amor.

Mas, Senhor, eu quero ver o sol brilhar.

Fecho meus olhos em tua presença.

Sei que o mundo está em tuas mãos.

Sei que teu Filho é meu companheiro.

Sei que a vida de teu Filho penetra na vida da minha vida.

No mistério da fé, na noite escura da fé, no coração da noite de minha caminhada eu creio que um mundo novo está sendo construído.

Aumentai, Senhor, a minha fé.

Frei Almir Ribeiro Guimarães, OFM

ORAÇÃO EM TEMPO DE TRIBULAÇÃO E CALAMIDADE

Nós estamos sofrendo, Senhor! Nesta hora de angústias e calamidade, em que vemos sobre nós e sobre os que amamos a ameaça da tribulação, percebemos como somos fracos e sem poder para superar o mal. Somos fracos até para compreender como e por que permitis que vossas criaturas, vossos filhos passem por este sofrimento.

Só vós podeis nos livrar, só vós podeis nos esclarecer e nos confortar!

Eterno Pai, pelo sangue de Jesus Cristo, misericórdia! Assinalai-nos com o sangue do Cordeiro Imaculado, Jesus Cristo, como assinalastes o vosso povo de Israel, para o livrardes da morte. E vós, ó Maria, Mãe de Misericórdia, aplacai a Deus, pedi-lhe por nós e alcançai-nos a graça que pedimos!

Glória ao Pai...

Eterno Pai, pelo sangue de Jesus Cristo, misericórdia! Salvai-nos do naufrágio do mundo, como salvastes Noé do dilúvio universal. E vós, ó Maria, Arca da Aliança, aplacai a Deus, pedi-lhe por nós e alcançai-nos a graça que pedimos!

Glória ao Pai...

Eterno Pai, pelo sangue de Jesus Cristo, misericórdia! Livrai-nos dos flagelos que temos merecido, como livrastes a Lot do incêndio de Sodoma. E vós, ó Maria, Advogada nossa, aplacai a Deus, pedi-lhe por nós e alcançai-nos a graça que pedimos!

Glória ao Pai...

Eterno Pai, pelo sangue de Jesus Cristo, misericórdia! Consolai-nos nas atuais necessidades e tribulações, como consolastes a Jó, Ana e Tobias, nas suas aflições. E vós, ó Maria, Consoladora dos Aflitos, aplacai a Deus, pedi-lhe por nós e alcançai-nos a graça que pedimos!

Glória ao Pai...

Eterno Pai, pelo sangue de Jesus Cristo, misericórdia! Dai-nos força e coragem para enfrentar os perigos e sofrimentos que nos ameaçam, como fortalecestes com o maná o vosso povo que atravessava o deserto. E vós, ó Maria, Auxílio dos cristãos, aplacai a Deus, pedi-lhe por nós e alcançai-nos a graça que pedimos!

Glória ao Pai...

Eterno Pai, pelo sangue de Jesus Cristo, misericórdia! Iluminai as nossas inteligências, a fim de encontrarmos a melhor solução para os problemas, como instruístes os santos apóstolos com as luzes do vosso Espírito. E vós, ó Maria, Mãe do Bom Conselho, aplacai a Deus, pedi-lhe por nós e alcançai-nos a graça que pedimos!

Glória ao Pai...

Eterno Pai, pelo sangue de Jesus Cristo, misericórdia! Vós não quereis a morte do pecador, mas, sim, que se converta e viva; dai-nos tempo de fazer penitência, a fim de que, arrependidos de nossos pecados, vivamos santamente. E vós, ó Maria, Refúgio dos Pecadores, aplacai a Deus, pedi-lhe por nós e alcançai-nos a graça que pedimos!

Glória ao Pai...

Eterno Pai, nós vos oferecemos o sangue de Jesus em desconto dos nossos pecados, pelas necessidades da santa Igreja, pela conversão dos pecadores, Imaculada Virgem Maria, Mãe de Deus, rogai por nós, por N... e por todos.

Jesus e Maria, confiamos em vós! Amém.

NA HORA DO SOFRIMENTO

Ó Pai, vede os sofrimentos de vossos filhos. Vede o momento difícil pelo qual passamos. Pai, é chegada a hora. Glorificai vossos filhos, sustentando nossa fraqueza, para que também vos glorifiquemos manifestando vosso poder. Pai, se for possível, afastai de nós este cálice. Mas nosso entendimento não penetra vosso plano de amor e, se for conforme a vossa vontade, se temos de beber este cálice de amargura, ajudai-nos com a força de vossa graça, para que possamos repetir, não só com os lábios, mas também com o coração, a oração de Jesus no Horto das Oliveiras: "Faça-se como vós quereis, não como nós queremos".

Muitas vezes somos perseguidos, humilhados, injustiçados. Dai-nos perceber que o discípulo não é maior que o Mestre e que Cristo revive em nós os mistérios de sua paixão redentora. Ajudai-nos a superar todo ressentimento e a rezar como vosso Filho na cruz: "Pai, perdoai-lhes!"

Sabemos que vosso plano de amor muitas vezes nos coloca na cruz. Que ele se realize em nós, para que possamos repetir confiantes a última oração de vosso Filho: "Em vossas mãos, ó Pai, entrego o meu espírito" e, assim esperar, tranquilos, que vosso poder se manifeste na glória de nossa ressurreição. Amém.

MOMENTOS DE TREVAS

Senhor Jesus Cristo, que das trevas da morte fizeste surgir a luz, para que nos abismos profundos da solidão habite, a partir de agora e para sempre, a proteção infinita do teu amor, e para que possamos por toda a parte cantar o aleluia dos que se salvam.

Concede-nos a humilde simplicidade da fé, que não vacila, quando nas horas de abandono e trevas tudo se torna obscuro e duvidoso.

Concede-nos, neste tempo em que cada um se debate numa luta extrema, a luz suficiente para não te perdermos; a luz suficiente para partilhar com os que mais necessitam.

Faz brilhar sobre nós, como a aurora da manhã, o mistério da tua alegria pascal.

Concede-nos que sejamos pessoas autenticamente "pascais" neste Sábado Santo da história.

Concede-nos que, ao longo dos dias que vivemos, possamos caminhar sempre com entusiasmo, para a glória futura. Amém.

Ignácio Larrañaga

SENHOR, PURIFICA-ME INTEIRAMENTE!

Ó Jesus Cristo, amor,
manifesta a tua presença no meio de nós!
Faze com que nos acheguemos à tua ceia,
não como Judas, que pensava nas suas
trinta moedas,
mas como Pedro que te diz:
Senhor, purifica-me inteiramente!
Lava meus pés, fronte, e todos os membros,
purifica cada amor meu errado,
torna-me capaz de um amor verdadeiro.
Faze de mim um sinal de unidade
na tua Igreja.
Faze-me instrumento da tua paz
no mundo!

Cardeal Martini

ORAÇÃO PARA CONSEGUIR A PAZ DE ESPÍRITO

Senhor Jesus, por tua aceitação voluntária dos sofrimentos da cruz e por tua ressurreição, trouxeste a paz ao mundo.

Que tua paz permaneça em mim, para que, pelos sinais de tua paz, todos saibam que és o Filho de Deus.

Que meu espírito descanse somente em ti, em quem posso encontrar a verdadeira paz.

Concede-me, Senhor, a graça de poder sempre encontrar a minha alegria e a minha felicidade em ti, e, assim, vencer todos os pensamentos deprimentes e angustiantes.

Confiando na tua bondade e misericórdia, creio que tu estás sempre ao meu lado; concede--me a graça de perseverar na minha fé e de permanecer no teu amor. Amém.

Adriano Backx

E LIVRA-NOS DE NÓS MESMOS!

Senhor, ensina-nos a não nos amarmos somente a nós mesmos e a não amar somente os nossos. Ensina-nos a também pensar nos outros e amar primeiro aqueles que ninguém ama.

Senhor, faze-nos sensíveis aos sofrimentos dos outros. Dai-nos a graça de compreender que, a cada instante, enquanto somos tão felizes, milhões de seres humanos, teus filhos e irmãos nossos, são condenados a morrer de fome e frio por nosso cruel egoísmo.

Não permitas mais, Senhor, que sejamos felizes sozinhos. Dá-nos a graça de sentirmos a angústia da miséria universal e livra-nos de nós mesmos.

Raoul Foullereau

ORAÇÃO NA SOLIDÃO

Ó Jesus, que foste abandonado
por todos os teus discípulos,
que subiste sozinho o monte Calvário,
que morreste no meio de quem te desprezava,
olha, te suplicamos, a nossa solidão!
Cria em nós o espírito e a força da comunhão.
Concede-nos, Jesus, um crescendo
de solidariedade, de atenção,
de escuta recíproca!
Maria, tu que te postaste junto à cruz de Jesus,
penetra naquelas casas onde reina a solidão
e torna-as um pouco mais felizes,
visita os enfermos, aproxima-te dos sem-teto,
dos encarcerados, e dá-lhes esperança;
torna cada um de nós testemunha fiel
dessa esperança.

Cardeal Martini

ORAÇÃO DO ABANDONO (I)

Pai, ponho-me em tuas mãos;
faz de mim o que quiseres.
Aconteça o que acontecer,
agradeço-te.
Estou disposto a tudo.
Aceito tudo,
contanto que tua vontade
se cumpra em mim
e em todas as tuas criaturas.
Não desejo nada mais, Pai.
Confio-te a minha alma,
dou-a a ti, ó Pai,
com todo o amor
de que sou capaz,
porque te amo
e necessito dar-me,
pôr-me em tuas mãos
sem medida,
com uma infinita confiança,
porque tu és meu Pai.

Charles de Foucauld

ORAÇÃO DO ABANDONO (II)

Meu Pai,
eu me abandono a ti.
Faz de mim o que quiseres.
Por tudo o que fizeres de mim,
eu te agradeço.
Estou disposto a tudo, aceito tudo,
contanto que a tua vontade seja feita em mim
e em todas as tuas criaturas.
Nada mais desejo, meu Deus.
Ponho a minha alma nas tuas mãos,
entrego-a a ti, meu Deus,
com todo o ardor do meu coração
porque te amo
e é, para mim, uma necessidade de amor
dar-me,
entregar-me nas tuas mãos, sem medida,
com infinita confiança,
porque tu és o meu Pai.
Amém.

Ignácio Larrañaga

CONFIAR EM DEUS

Nada te perturbe
Nada te espante
Tudo passa
Deus não muda
A paciência tudo alcança
Quem a Deus tem
Nada lhe falta
Só Deus basta...

Santa Teresa D'Ávila

ORAÇÃO DE LOUVOR

Senhor,
toda a criação me convida
a louvar-te e a reconhecer-te
como a bondade
e como a beleza.
Tu me falas
através das coisas
com palavras que entendo
claramente.

Permite que te cante
com a língua do mar
e dos rios,
dos vales, dos montes
e das árvores.
Deixa-me dizer-te
com as criaturas
do céu e da terra:
Senhor, aqui me tens.
Faz de mim o que desejares.
Dá-me a entender
como devo agradar-te,
que a tudo estou disposto
para dar-te glória.

Santo Afonso Maria de Ligório (1696-1787)

BENEDICTUS (*Lc 1,68-79*)
O MESSIAS E SEU PRECURSOR

Bendito seja o Senhor Deus de Israel,
porque a seu povo visitou e libertou;
e fez surgir um poderoso Salvador
na casa de Davi, seu servidor,
como falara pela boca de seus santos,
os profetas desde os tempos mais antigos,
para salvar-nos do poder dos inimigos
e da mão de todos quantos nos odeiam.
Assim mostrou misericórdia a nossos pais,
recordando a sua santa Aliança
e o juramento a Abraão, o nosso pai,
de conceder-nos
que, libertos do inimigo,
a ele nós sirvamos sem temor
em santidade e em justiça diante dele,
enquanto perdurarem nossos dias.
Serás profeta do Altíssimo, ó menino,
pois irás andando à frente do Senhor
para aplainar e preparar os seus caminhos,
anunciando ao seu povo a salvação,
que está na remissão de seus pecados,
pela bondade, e compaixão de nosso Deus,
que sobre nós fará brilhar o Sol nascente,
para iluminar a quantos jazem entre as trevas
e na sombra da morte estão sentados
e para dirigir os nossos passos,
guiando-os no caminho da paz.

MAGNIFICAT (*Lc 1,46-55*)
A ALEGRIA DA ALMA NO SENHOR

A minh'alma engrandece ao Senhor,
e se alegrou o meu espírito em Deus,
meu Salvador,
pois, ele viu a pequenez de sua serva,
eis que agora as gerações hão de chamar-me
de bendita.
O Poderoso fez por mim maravilhas
e Santo é o seu nome!
Seu amor, de geração em geração,
chega a todos que o respeitam.
Demonstrou o poder de seu braço,
dispersou os orgulhosos.
Derrubou os poderosos de seus tronos
e os humildes exaltou.
De bens saciou os famintos
e despediu, sem nada, os ricos.
Acolheu Israel, seu servidor,
fiel ao seu amor,
como havia prometido aos nossos pais,
em favor de Abraão e de seus filhos,
para sempre.

LOUVOR DAS CRIATURAS AO SENHOR *(Dn 3,57-88.56)*

Obras do Senhor, bendizei o Senhor,
louvai-o e exaltai-o pelos séculos sem-fim!
Céus do Senhor, bendizei o Senhor!
Anjos do Senhor, bendizei o Senhor!
Águas do alto céu, bendizei o Senhor!
Potências do Senhor, bendizei o Senhor!
Lua e sol, bendizei o Senhor!
Astros e estrelas, bendizei o Senhor!
Chuvas e orvalhos, bendizei o Senhor!
Brisas e ventos, bendizei o Senhor!
Fogo e calor, bendizei o Senhor!
Frio e ardor, bendizei o Senhor!
Orvalhos e garoas, bendizei o Senhor!
Geada e frio, bendizei o Senhor!
Gelos e neves, bendizei o Senhor!
Noites e dias, bendizei o Senhor!
Luzes e trevas, bendizei o Senhor!
Raios e nuvens, bendizei o Senhor!
Ilhas e terras, bendizei o Senhor!
Louvai-o e exaltai-o pelos séculos sem-fim!
Montes e colinas, bendizei o Senhor!
Plantas da terra, bendizei o Senhor!
Mares e rios, bendizei o Senhor!
Fontes e nascentes, bendizei o Senhor!
Baleias e peixes, bendizei o Senhor!
Pássaros do céu, bendizei o Senhor!
Feras e rebanhos, bendizei o Senhor!
Filhos dos homens, bendizei o Senhor!
Filhos de Israel, bendizei o Senhor!

Louvai-o e exaltai-o pelos séculos sem-fim!
Sacerdotes do Senhor, bendizei o Senhor!
Servos do Senhor, bendizei o Senhor!
Almas dos justos, bendizei o Senhor!
Santos e humildes, bendizei o Senhor!
Jovens Misael, Ananias e Azarias,
louvai-o e exaltai-o pelos séculos sem-fim!
Ao Pai e ao Filho e ao Espírito Santo
louvemos e exaltemos pelos séculos sem-fim!
Bendito sois, Senhor, no firmamento dos céus!
Sois digno de louvor e de glória eternamente!

TE DEUM

(A vós, ó Deus)

A vós, ó Deus, louvamos,
a vós, Senhor, cantamos.
A vós, Eterno Pai,
adora toda a terra.
A vós cantam os anjos,
os céus e seus poderes:
Sois Santo, Santo, Santo,
Senhor Deus do universo!
Proclamam céus e terra
a vossa imensa glória.
A vós celebra o coro
glorioso dos Apóstolos,
vos louva dos Profetas
a nobre multidão
e o luminoso exército
dos vossos santos Mártires.

A vós por toda a terra
proclama a Santa Igreja,
ó Pai onipotente,
de imensa majestade,
e adora juntamente
o vosso Filho único,
Deus vivo e verdadeiro,
e ao vosso Santo Espírito.
Ó Cristo, Rei da glória,
do Pai eterno Filho,
nascestes duma Virgem,
a fim de nos salvar.
Sofrendo vós a morte,
da morte triunfastes,
abrindo aos que têm fé
dos céus o reino eterno.
Sentastes à direita
de Deus, do Pai na glória.
Nós cremos que de novo
vireis como juiz.
Portanto, vos pedimos:
salvai os vossos servos,
que vós, Senhor, remistes
com sangue precioso.
Fazei-nos ser contados,
Senhor, vos suplicamos,
em meio a vossos santos
na vossa eterna glória.

(A parte que se segue pode ser omitida, se for oportuno.)

Salvai, o vosso povo.
Senhor, abençoai-o.
Regei-nos e guardai-nos
até a vida eterna.
Senhor, em cada dia,
fiéis vos bendizemos,
louvamos vosso nome
agora e pelos séculos.
Dignai-vos, neste dia,
guardar-nos do pecado.
Senhor, tende piedade
de nós, que a vós clamamos.
Que desça sobre nós,
Senhor, a vossa graça,
porque em vós pusemos
a nossa confiança.
Fazei que eu, para sempre,
não seja envergonhado:
Em vós, Senhor, confio,
sois vós minha esperança!

Observação: Pelo teor do pronunciamento da Congregação para Doutrina da Fé, no dia 29 de setembro de 1985, o exorcismo não pode ser rezado sobre os possessos interpelando os demônios, no intuito de obter a sua libertação, a não ser pelos sacerdotes devidamente autorizados pelos bispos. Tendo em vista esse pronunciamento, exortamos aos leitores que se limitem a um uso pessoal e particular dessa oração.

EXORCISMO DO SAL

(Ritual de Sacramentos e Sacramentais da CNBB - 1965)

Eu te exorcizo, sal, criatura de Deus, pelo Deus vivo, pelo Deus verdadeiro, pelo Deus santo — pelo Deus que ordenou ao profeta Eliseu que te lançasse à água, a fim de curar a sua esterilidade — para que te tornes sal exorcizado em proveito dos fiéis, dando a saúde da alma e do corpo aos que te usarem, fazendo fugir para longe dos lugares em que fores lançado, ilusões, malefícios e fraudes diabólicas, assim como todo espírito impuro, intimado por aquele que há de vir julgar vivos e mortos, e este mundo pelo fogo. Amém.

OREMOS: Deus eterno e todo-poderoso, imploramos humildemente à vossa clemência, que abençoeis e santifiqueis esta criatura, o sal, que pusestes a serviço dos homens, para que proporcione saúde da alma e do corpo a todos os que o tomarem, e que desapareça, de tudo o que for por ele tocado ou salpicado, qualquer impureza e ataque dos espíritos do mal. Por Cristo, nosso Senhor.

Amém.

EXORCISMO DA ÁGUA

(Ritual de Sacramentos e Sacramentais da CNBB - 1965)

Eu te exorcizo, água, criatura de Deus, em nome de Deus Pai todo-poderoso, em nome de Jesus Cristo, seu Filho e nosso Senhor, e na força do Espírito Santo, para que te tornes água exorcizada, a fim de pôr em fuga todo poder inimigo e possas extirpar o próprio inimigo com os seus anjos rebeldes, pela virtude do mesmo Jesus Cristo, nosso Senhor, que há de vir julgar vivos e mortos, e este mundo pelo fogo. Amém.

OREMOS: Deus, que operastes pela água os maiores mistérios da salvação dos homens, atendei, propício, às nossas invocações, e derramai sobre este elemento, preparado por várias purificações, a força da vossa bênção para que esta criatura, servindo aos vossos mistérios, possua a eficácia da graça divina para expulsar os demônios e banir as doenças, e guarde de qualquer impureza e malefício as casas dos fiéis e outros lugares em que ela for aspergida. Não se demorem ali miasmas nem ares insalubres. Afas-

tem-se para longe as ciladas do inimigo escondido, e, se algum perigo ameaça a segurança ou a tranquilidade dos moradores, dissipe-o sem demora a aspersão desta água, protegendo contra qualquer ataque a salubridade conseguida pela invocação do vosso santo nome. Por Cristo, nosso Senhor. Amém.

(Põe o sal na água com um gesto em forma de cruz, dizendo uma vez:)

Faça-se esta mistura de sal e água, igualmente, em nome do Pai e do Filho e do Espírito Santo. Amém.

OREMOS: Deus, inspirador de toda força invencível e Rei de um império insuperável, sois sempre o triunfador magnífico, a reprimir os assaltos da potência contrária e a sanha do inimigo ameaçador, derrotando decisivamente as manobras hostis. Em santo temor, nós vos rogamos e suplicamos, Senhor, que olheis com benevolência esta criatura vossa, a água com sal, e a santifiqueis com o orvalho da vossa bênção, para que, à invocação do vosso santo nome, ela expulse onde for espalhada os assaltos do espírito impuro, afaste para longe o perigo da serpente maligna, e atraia, em favor dos que recorrem à vossa misericórdia, a presença do Espírito Santo. Por Cristo, nosso Senhor. Amém.

RENOVAÇÃO DAS PROMESSAS DO BATISMO

Pelo mistério pascal fomos no batismo sepultados com Cristo para vivermos com ele uma vida nova. Renovemos as promessas do nosso batismo, pelas quais já renunciamos a Satanás e suas obras, e prometemos servir a Deus na Santa Igreja Católica. Portanto:

— Renunciais ao Demônio?

Renuncio.

— E todas as suas obras?

Renuncio.

— E a todas as suas seduções?

Renuncio.

— Credes em Deus, Pai todo-poderoso, criador do céu e da terra?

Creio.

— Credes em Jesus Cristo, seu único Filho, nosso Senhor, que nasceu da Virgem Maria, padeceu e foi sepultado, ressuscitou dos mortos e subiu ao céu?

Creio.

— Credes no Espírito Santo, na Santa Igreja Católica, na comunhão dos santos, na remissão dos pecados, na ressurreição dos mortos e na vida eterna?

Creio.

— O Deus todo-poderoso, Pai de nosso Senhor Jesus Cristo, que nos fez renascer pela água

e pelo Espírito Santo e nos concedeu o perdão de todo pecado, guarde-nos em sua graça para a vida eterna, no Cristo, nosso Senhor.
Amém.

EXORCISMO

Contra satanás e os anjos rebeldes
(publicado por ordem de S. S. o Papa Leão XIII)

Todo aquele que recita este exorcismo, pondo em fuga o demônio, pode preservar de grandes desgraças a si mesmo, a família e a sociedade. Privadamente, pode ser rezado por todos os simples fiéis. Aconselha-se rezá-lo em casos de discórdia de família, de partidos, de cidades; nas casas dos ateus, dos blasfemadores, para sua conversão; onde se praticou o espiritismo; para obter uma boa solução nos negócios; para a escolha do próprio estado de vida; pela conservação da fé na família ou paróquia; pela santificação de si mesmo e dos entes queridos. É poderoso nos casos de intempéries, de doenças, para obter uma boa colheita, para destruição dos insetos nocivos aos campos etc.

Repita este exorcismo muitas vezes, todos os dias, até conseguir as graças desejadas.

Início do Exorcismo

Em nome do Pai, do Filho e do Espírito Santo.

Salmo 67

"Levanta-se Deus: eis que se dispersam seus inimigos, e fogem diante deles os que o odeiam. Eles se dissipam como a fumaça, como a cera que se derrete ao fogo. Assim perecem os maus diante de Deus" (v. 2-3).

Salmo 34

"Lutai, Senhor, contra os que me atacam; combatei meus adversários. (...) Sejam confundidos e envergonhados os que odeiam a minha vida; recuem humilhados os que tramam minha desgraça. Sejam como a palha levada pelo vento, quando o anjo do Senhor vier acossá-los. Torne-se tenebroso e escorregadio o seu caminho, quando o anjo do Senhor vier persegui-los,

Porquanto sem razão me armaram laços; para me perder, cavaram um fosso sem motivo. Venha sobre eles de improviso a ruína; apanhe-os a rede por eles mesmos preparada, caiam eles próprios na cova que abriram. Então a minha alma exultará no Senhor, e se alegrará pelo seu auxílio" (v. 1.4-9).

Glória ao Pai, ao Filho e ao Espírito Santo. Assim como era no princípio, agora e sempre. Amém.

A São Miguel Arcanjo

Gloriosíssimo príncipe da milícia celeste, São Miguel Arcanjo, defendei-nos no combate e na luta contra os principados e potestades, contra os dirigentes deste mundo de trevas, contra os espíritos malignos, espalhados pelos ares (cf. Ef 6,12).

Vinde em socorro dos homens que Deus criou imortais e fez à imagem da Sua própria natureza e resgatou por grande preço da tirania do demônio (cf. Sb 2,23; 1Cor 6).

Combatei hoje, com o exército dos anjos bons, o combate do Senhor, assim como outrora lutastes contra Lúcifer, chefe do orgulho, e contra os anjos apóstatas. Eles não prevaleceram nem foi mais encontrado o lugar deles no céu, mas foi expulso aquele grande dragão, a antiga serpente, que se chama diabo e satanás, que seduziu todo o orbe; e foi lançado na terra, e seus anjos juntamente com ele (cf. Ap 12,7-9).

Eis que o inimigo antigo e homicida se ergueu com veemência. Transfigurado em anjo da Luz, com toda a caterva de espíritos maus, circundou e invadiu toda a terra, para que nela destruísse o nome de Deus e de Seu Cristo e roubasse as almas destinadas à coroa da glória eterna, e as prostrasse, e as perdesse na morte eterna.

O dragão maldito transvasou, como rio imundíssimo, o veneno de sua iniquidade em homens depravados de mente e corruptos de coração; incutiu-lhes o espírito de mentira, impiedade, blasfêmia, e seu hálito mortífero de luxúria, de todos os vícios e iniquidades.

As hostes astuciosíssimas encheram de amargura a Igreja, esposa imaculada do Cordeiro, e inebriaram-na com absinto; puseram-se em obras para realizar todos os seus ímpios desígnios. Ali onde está constituída a sede do beatíssimo Pedro e cátedra da verdade para iluminar os povos, aí colocaram o trono de abominações da sua impiedade, para que, ferido o Pastor, dispersassem as ovelhas.

Vinde, pois, general invictíssimo, e dai a vitória ao povo de Deus contra as perversidades espirituais que irrompem. A santa Igreja vos venera como seu guarda e protetor, vos glorifica como o defensor contra as potestades abomináveis da terra e dos infernos. Confiou-vos o Senhor a missão de introduzir na felicidade celeste as almas resgatadas. Rogai, pois, ao Deus da paz que esmague satanás sob nossos pés, a fim de que ele não mais possa manter cativos os homens e fazer mal à Igreja. Apresentai ao Altíssimo as nossas preces, a fim de que sem tardar o Senhor nos faça misericórdia, e vós contenhais o dragão, a antiga serpente, que é o demônio e satanás, e o lanceis encadeado no abismo para que não mais seduza as nações (cf. Ap 20).

Desde já, confiamos em vossa assistência e proteção (com a sagrada autoridade de nosso ministério sacerdotal), empreendemos com fé e segurança repelir os assaltos da astúcia diabólica em nome de Jesus Cristo, Deus e Senhor nosso.

V: Eis a cruz do Senhor, fugi potências inimigas.

R: Venceu o Leão da tribo de Judá, a estirpe de Davi.

V: Venha a nós, Senhor, a Vossa misericórdia.

R: Como esperamos em Vós.
V: Senhor, escutai minha oração.
R: E chegue até Vós o meu clamor.
(Padre) — O Senhor esteja convosco.
R: Ele está no meio de nós.

OREMOS: Deus e Pai de Nosso Senhor Jesus Cristo, invocamos o Vosso santo nome e, suplicantes, pedimos com instância a Vossa clemência, para que, pela intercessão da Imaculada e sempre Virgem Maria, Mãe de Deus, do bem-aventurado Miguel Arcanjo, de São José, esposo da mesma bem-aventurada Virgem, dos bem-aventurados apóstolos Pedro e Paulo e de todos os santos, Vos digneis auxiliar-nos contra satanás e todos os outros espíritos imundos que vagueiam pelo mundo para fazer mal ao gênero humano e perder as almas. Pelo mesmo Cristo Nosso Senhor. Amém.

Exorcismo

Nós te exorcizamos, quem quer que sejas, espírito imundo, poder satânico, horda do inimigo infernal, legião, assembleia ou seita diabólica. Em nome e pelo poder de Jesus Cristo Nosso Senhor, sê extirpado e expulso da Igreja de Deus, das almas criadas à imagem de Deus e resgatadas pelo Sangue precioso do Cordeiro divino.

† Não ouses mais, pérfida serpente, enganar o gênero humano, perseguir a Igreja de Deus, atormentar e joeirar como o trigo os eleitos de Deus †. Ordena-te o Deus altíssimo †, a quem em tua grande soberba pretendes ainda te igualar, o

qual quer que todos os homens se salvem e cheguem ao conhecimento da verdade. Ordena-te Deus Pai †; ordena-te Deus Filho †; ordena-te Deus Espírito Santo †. Ordena-te a majestade de Cristo, Verbo eterno de Deus feito carne †, que, para salvar nossa humanidade perdida por teu ódio, se humilhou a Si mesmo, fazendo-se obediente até a morte, edificou Sua Igreja sobre a rocha firme e decretou que as portas do inferno nunca prevalecerão contra ela, porque permanecerá com ela todos os dias, até a consumação dos séculos.

Ordena-te a virtude oculta da cruz † e o poder de todos os mistérios da fé cristã †. Ordena-te a gloriosa Virgem Maria, Mãe de Deus †, que em sua humildade esmagou, desde o primeiro instante de sua conceição imaculada, tua cabeça cheia de soberba. Ordena-te a fé dos santos apóstolos Pedro e Paulo e dos outros apóstolos †. Ordena-te o sangue dos mártires e a piedosa intercessão de todos os santos e santas.

Assim, pois, dragão maldito e toda legião diabólica, nós te conjuramos pelo Deus † verdadeiro, pelo Deus † vivo, pelo Deus † santo, pelo Deus que amou o mundo a ponto de entregar Seu Filho unigênito, a fim de que quantos creiam Nele não pereçam, mas tenham a vida eterna. Cessa de enganar as criaturas humanas e de oferecer-lhes o veneno da perdição eterna; cessa de fazer mal à Igreja e de armar laços à sua liberdade.

Vai-te embora, satanás, inventor e mestre da

mentira, inimigo da salvação dos homens. Dá lugar a Cristo, em quem nada encontraste de tuas obras. Dá lugar à Igreja, una, santa, católica e apostólica, que o próprio Cristo adquiriu com Seu Sangue. Abaixa-te sob a mão poderosa de Deus, treme e foge à invocação que fazemos do santo e terrível nome de Jesus, a quem os infernos tremem, a quem estão sujeitas as virtudes dos céus e as potestades e as dominações; a quem os querubins e serafins louvam num concerto sem-fim dizendo:

"Santo, santo, santo, é o Senhor Deus dos exércitos".

V: Senhor, escutai minha oração.

R: E chegue até Vós o meu clamor.

OREMOS: Deus do céu, Deus da terra, Deus dos anjos, Deus dos arcanjos, Deus dos patriarcas, Deus dos profetas, Deus dos apóstolos, Deus dos mártires, Deus dos confessores, Deus das virgens, Deus que tendes o poder de dar a vida após a morte, o repouso após o trabalho, porque não há outro Deus além de Vós, e não pode haver outro senão Vós, o Criador de todas as coisas visíveis e invisíveis, cujo reino não terá fim. Suplicamos humildemente, à Vossa gloriosa Majestade, que Vos digneis libertar-nos com Vosso poder e guardar-nos incólumes de todo domínio, laço, ardil e perversidade dos espíritos infernais. Por Cristo Nosso Senhor. Amém.

Dos embustes do demônio, livrai-nos, Senhor.

Que Vossa Igreja Vos sirva em tranquila liberdade, nós Vos rogamos, ouvi-nos.

Que Vos digneis confundir os inimigos da santa Igreja, nós Vos rogamos, ouvi-nos.

Ó Coração Eucarístico de Jesus, por aquela chama de amor na qual ardestes no momento solene no qual Vos dáveis todo a nós na santíssima Eucaristia, humildemente Vos suplicamos que Vos digneis livrar-nos poderosamente e guardar-nos incólumes de todo o poder, laço, engano e malvadez dos espíritos infernais. Assim seja.

Jaculatória: Ó Coração Eucarístico de Jesus, livrai-nos cada vez mais das insídias de satanás.

(Aspergir o lugar com água benta.)

ORAÇÃO PEDINDO CURA ESPIRITUAL

Jesus, venha e caminhe entre nós.

Esta é sua cidade. Sua casa é aqui. Você vive neste altar. Nós o recebemos com todo nosso coração. Agradecemos a você por ter vindo à terra para ser um de nós em tudo o que é bom. Como seu amor é grande permanecendo aqui na Eucaristia.

Grande também tem sido nossa culpa por deixar você inútil.

Temos carregado nossas dores e lembranças amargas por anos, sem pedir que você as cure. Temos perguntado como você poderia vir do passado ou curar uma ferida de tanto tempo. Já nos esquecemos de que seus meios não são os nossos meios e que mil anos são como um único dia? Agora sabemos que você é o Todo-Poderoso, o que dá a vida e o Curador de toda ferida.

Como você deve ter-se entristecido ao ver a violência e o medo crescerem a cada dia em nossos corações, ao ver a ameaça da guerra destruir nossa fé na paz. Como ousamos pensar que o mal triunfará sobre o bem, que os poderes das trevas conquistarão a Luz, que a morte é mais forte que a vida, quando você é a Luz do mundo, nossa Vida e ressurreição.

Nós lhe agradecemos por conseguirmos perceber seu amor e seu poder aqui sobre o altar.

Não mais você será deixado inútil aqui.

Não mais suas poderosas mãos deixarão de trabalhar quando nos reunirmos aqui para presenciar sua cura sobre essa gente arruinada e machucada de todo o mundo.

Jesus, sua Boa-Nova tem ecoado por todo o mundo pelos últimos dois mil anos. Milhões de homens e mulheres a têm ouvido com alegria e a têm vivido com fidelidade.

Rezamos hoje para que suas palavras possam ser ouvidas por todo o mundo, para que seu amor e poder possam ser conhecidos até os confins da terra, que este possa ser verdadeiramente o apogeu de sua influência na história da humanidade.

Jesus, venha e caminhe conosco agora e sempre. Amém.

Peter Byrne

ORAÇÃO PEDINDO PAZ INTERIOR

Jesus, venha e caminhe entre nós.

Caminhe conosco na manhã de nossas vidas, quando o sol da esperança brilha com força, quando grandiosos ideais preenchem nossas mentes, e nobres sonhos inspiram nossa fé no futuro.

Faça que todas as nossas esperanças se tornem para nós não apenas um vago desejo, mas verdadeira fome e sede de mundo melhor. Inspire-nos a suportar a labuta e a dor para realizar nossos sonhos.

E, se nossa coragem enfraquecer e nossos passos falharem, esteja perto para nos amparar.

Tantos se extraviaram, tantos perderam a coragem e tombaram à beira do caminho. Eles descobriram sua própria fraqueza. Se pelo menos tivessem conhecido também seu amor por eles e como você está perto quando o chamamos...

Caminhe conosco no entardecer da vida.

Não deixe que o passar dos anos nos faça esquecê-lo. No meio de todas as preocupações da vida, deixe que nos acheguemos cada vez mais perto de você. Faça que cada novo dia nos traga uma nova consciência de você.

Você veio fraco para que pudéssemos ser fortes; cansado, para que pudéssemos descansar; faminto, para ser nosso Pão da vida; condenado à morte para que pudéssemos ter a vida eterna.

Aprofunde nossa consciência de seu amor e poder para que possamos não apenas alcançar nossa própria plenitude, mas ser líderes e apóstolos para outros.

Caminhe conosco no anoitecer da vida, quando as sombras se estendem e nossos dias na terra vão chegando ao fim.

Seja nosso amigo nas horas de solidão, nosso consolador nas horas de tristeza e nossa recompensa final.

Abençoe todos aqueles que temem encontrá-lo. Deixe que saibam que você é seu Redentor, seu remédio e sua paz duradoura.

Peter Byrne

ORAÇÃO PEDINDO FELICIDADE NO LAR

Senhor, temos sido tão cegos.

Como temos com frequência permitido que lares se dividam sem chamá-lo para vir em nosso socorro!

Nossos lares que deveriam ser símbolos de vida e amor são quase sempre tumbas, onde o amor jaz enterrado. Dias sem alegria são seguidos por noites arruinadas, e a tristeza de todo o mundo habita os corações das crianças solitárias e sem amor.

Jesus, venha novamente, fale novamente, toque e cure novamente.

Nossos lares clamam por você. Os pais estão-se separando, suas palavras, que uma vez expressavam amor, agora os destroem e enchem as vidas de amargura.

Venha e derrube os muros construídos com ódio, raiva, ciúmes e corações endurecidos. Seu poder de amar, suportar e perdoar inundou-os no dia de seu casamento. Derrame esse poder sobre a vida agora e faça com que as velhas lembranças tragam nova esperança.

Diga a palavra, acenda seu amor, restaure as cores desbotadas e os símbolos gastos de um amor prometido até a morte.

Você vive aqui. Sua casa fica aqui nesta rua.

Não deixe de agir em nossas vidas. Deixe sua casa e venha para dentro de cada lar. Então todos serão jovens novamente, tudo que é velho será renovado, tudo que está destruído será consertado; louvor e gratidão irão soar em cada coração.

Peter Byrne

ORAÇÃO PEDINDO O ESPÍRITO SANTO

Jesus, venha e caminhe entre nós.

Você veio para espalhar o fogo sobre a terra. Esse fogo era o amor que ardia intensamente em seu próprio coração.

O amor preenchia sua vida. Era visto no suave toque de sua mão sobre o doente, nos olhos gentis que olharam para Pedro e o trouxeram de volta a você, na voz que disse: Eu também não a condeno.

Palavras, olhares e toques refletiram a intensidade do amor que atraiu todas as coisas para você, curou feridas, expulsou demônios, aterrorizou e fascinou as pessoas, e que estremeceu a própria terra em que você caminhou.

Venha, toque nossos corações frios.

Se uma única centelha de seu amor nos atingisse para nos despertar de nosso sono, abrir nossos olhos, soltar nossas línguas para proclamar a Boa-Nova da paz e cura para todos...

Fale a nós desse altar. Desperte em nós a graça de nosso Batismo quando nos tornamos filhos de Deus. Desperte em nós a graça da Confirmação (Crisma) para que possamos viver corajosamente e falar sua verdade sem medo ou vergonha.

Alcance todos os jovens. Mostre-lhes a missão que é deles. Seu poder aqui na Eucaristia é ilimitado. Você vive também em cada jovem coração que ama. Que o amor de cada coração jovem seja um amor que inspire coragem, fé e bondade.

Busque hoje todos aqueles que estão inativos em sua fé. Mostre-lhes o tesouro que possuem. Faça com que a fé dentro deles se transforme em um fogo que iluminará suas vidas e conduzirá outros até você.

Abençoe-nos a todos neste dia e encha nossos corações com um amor intenso, puro e constante. Deixe que sua poderosa bênção saia desse altar hoje e alcance os confins da terra.

Peter Byrne

ORAÇÃO DE LIBERTAÇÃO

Jesus, venha e caminhe entre nós.

Você nos tem falado e tocado nossos corações. Nesta oração trazemos a você todas as pessoas da terra. Você conhece a necessidade ainda que secreta de cada um, a mágoa ainda que antiga de cada um.

Trazemos à sua presença todas as famílias, incluindo as famílias de pais separados, todas as crianças, nascidas e não-nascidas, todas as mães e pais, todos os lares. Adentre-os, abençoe cada um e permaneça com eles para sempre.

Trazemos à sua presença agora todos os doentes do mundo, aqueles que possuem enfermidades da mente, do corpo, do coração ou do espírito. Só você conhece a dor de cada um. Abençoe-os a todos; abençoe aqueles que os amam e se preocupam com eles.

Sua mensagem é de paz, paz para o culpado que se arrepende, para o angustiado, o ansioso, o temeroso; paz para o mundo. Mas a violência prossegue. Temos tantas maneiras de começar as guerras e com frequência não conseguimos encontrar um único meio de trazer a paz.

Só você é o caminho para a paz. Colocamos aos seus pés os ódios, os corações endurecidos, as lembranças que causam conflito e divisão. Liberte-nos de nosso passado ferido, unindo-nos em perdão e amor.

Deste altar enviamos sua bênção às prisões do mundo. Como devem sofrer aqueles que lá se encontram trancafiados, tantas vezes por crimes que não são seus! Vá a cada cela e abençoe as pessoas que nela estão. Abençoe aqueles que as colocaram lá. Dê a cada um novo coração e novo espírito. Apresse o dia em que toda guerra e conflito cessarão e quando conheceremos apenas a paz.

Jesus, você tem estado conosco sobre nossos altares por tanto tempo. Que esta era possa ser o apogeu de nossa resposta a você na fé e no amor! Amém.

Peter Byrne

MISERERE – HINO PENITENCIAL
TENDE PIEDADE, Ó MEU DEUS!

Salmo 50 (51)

Renovai o vosso espírito e a vossa mentalidade. Revesti o homem novo (Ef 4,23-24)

Tende piedade, ó meu Deus, misericórdia!
Na imensidão de vosso amor, purificai-me!
Lavai-me todo inteiro do pecado,
e apagai completamente a minha culpa!
Eu reconheço toda a minha iniquidade,
o meu pecado está sempre à minha frente.
Foi contra vós, só contra vós, que eu pequei,
e pratiquei o que é mau aos vossos olhos!
Mostrais assim quanto sois justo na sentença,
e quanto é reto o julgamento que fazeis.
Vede, Senhor, que eu nasci na iniquidade
e pecador já minha mãe me concebeu.
Mas vós amais os corações que são sinceros,
na intimidade me ensinais sabedoria.
Aspergi-me e serei puro do pecado,
e mais branco do que a neve ficarei.
Fazei-me ouvir cantos de festa e de alegria,
e exultarão estes meus ossos que esmagastes.
Desviai o vosso olhar dos meus pecados
e apagai todas as minhas transgressões!
Criai em mim um coração que seja puro,
dai-me de novo um espírito decidido.

Ó Senhor, não me afasteis de vossa face,
nem retireis de mim o vosso Santo Espírito!
Dai-me de novo a alegria de ser salvo
e confirmai-me com espírito generoso!
Ensinarei vosso caminho aos pecadores,
e para vós se voltarão os transviados.
Da morte como pensa, libertai-me,
e minha língua exalará vossa justiça!
Abri meus lábios, ó Senhor, para cantar,
e minha boca anunciará vosso louvor!
Pois não são de vosso agrado os sacrifícios,
e, se oferto um holocausto, o rejeitais.
Meu sacrifício é minha alma penitente,
não desprezeis um coração arrependido!
Sede benigno com Sião, por vossa graça,
reconstrui Jerusalém e os seus muros!
E aceitareis o verdadeiro sacrifício,
os holocaustos e oblações em vosso altar!

DE PROFUNDIS
RECONCILIAÇÃO E MISERICÓRDIA
DAS PROFUNDEZAS EU CLAMO

Salmo 129(130)

Ele vai salvar o seu povo dos seus pecados
(Mt 1,21)

Das profundezas eu clamo a vós, Senhor,
escutai a minha voz!
Vossos ouvidos estejam bem atentos
ao clamor da minha prece!
Se levardes em conta nossas faltas,
quem haverá de subsistir?
Mas em vós se encontra o perdão,
eu vos temo e em vós espero.
No Senhor ponho a minha esperança,
espero em sua palavra.
A minh'alma espera no Senhor
mais que o vigia pela aurora.
Espere Israel pelo Senhor
mais que o vigia pela aurora!
Pois no Senhor se encontra toda graça
e copiosa redenção.
Ele vem libertar a Israel
de toda a sua culpa.

ORAÇÃO PELA EFICÁCIA DO MEDICAMENTO

Maravilhosa, ó Senhor Deus, é tua criação
e tudo que ela contém é para o bem do homem.
Inumeráveis são os medicamentos
que tens proporcionado
para o combate às enfermidades
que tanto afligem nossa frágil natureza humana.
Digna-te ouvir a minha prece
e acompanha com tua força
o medicamento que vou tomar,
para que adquira a saúde
se for do teu agrado e melhor para mim. Amém.

Adriano Backx

PRECE NA VELHICE

Pai terno, sinto que o trabalho da minha vida está terminado e que não posso mais ajudar os outros, pois estou velho.

Abençoa minha velhice, deixa-me perceber e sentir que também o anoitecer da vida tem sua claridade e seu calor benfazejo.

Concede-me a tranquilidade interior e espiritual, para que eu use o tempo que me resta neste mundo para lembrar, em espírito de gratidão, teus benefícios e reparar as minhas falhas do passado.

Que eu aproveite desta fase da minha vida para um amadurecimento humano e divino, purificando-me para o desabrochamento total na fé.

Ajuda-me a suportar, com paciência, os incômodos da velhice, para que o meu fim de vida possa se tornar uma idade abençoada.

Desta maneira os meus últimos anos neste mundo poderão ser ricos em merecimento, cooperando na fundação do teu Reino. Amém.

Adriano Backx

PEDIDO DE PACIÊNCIA

Salvador pacientíssimo,
tu aceitaste, no amargo cálice da paixão
e da morte,
a vontade de teu Pai celestial.
Ouve as minhas queixas,
faz que teu exemplo me anime e inspire
a suportar meus sofrimentos
como uma partilha da tua aceitação.
Que a paciência com que atravesso
meus momentos angustiantes,
possa dar expressão à profundidade
do meu amor para contigo,
em Jesus crucificado. Amém.

Adriano Backx

PARA LIVRAR-SE DO NERVOSISMO

De ti, Deus todo-poderoso,
vem incessantemente nossa vida.
Que tua amorosa Providência
sempre a guie.
Concede-me a conservação da minha mente,
do meu coração,
e de todas as minhas emoções
num equilíbrio sadio.
Que a fé e confiança em ti vençam todos
os meus temores e angústias.
Por tua voluntária aceitação da cruz,
trouxestes, Senhor, a paz ao mundo.
Que a tua paz habite em mim
e tranquilize a minha mente
sentindo a alegria da tua presença. Amém.

Adriano Backx

PARA VENCER O MEDO

Deus que, pela boca do teu profeta, disseste:
"Nada temas, porque estou contigo,
pois eu sou o teu Deus.
Eu o Senhor teu Deus, seguro-te pela mão
e te digo:
nada temas, eu venho em teu auxílio,
portanto não tenhas medo".
Olha, benigno, a minha situação tão precária,
pois estou com medo da operação e
dos tratamentos,
sinto a incerteza do meu futuro,
estou com medo da recaída ou do
agravamento desta doença.
Socorre-me nesta crise de medo,
para que eu possa sentir a força da tua palavra:
"Coragem, não tenhas medo, pois sou
o teu Deus".
De todo coração desejo dirigir-me a ti,
porque tu me salvaste...
Possa eu, de hoje em diante, sempre repetir:
"Meu povo, este é o nosso Deus!
Seu poder subsiste eternamente.
Vamos louvá-lo". Amém.

Adriano Backx

A BÊNÇÃO DA IGREJA PARA OS DOENTES

Senhor, tu que assumiste as nossas enfermidades e suportastes as nossas dores, tem piedade de nós.

Cristo, tu que tendo pena da multidão, passaste pela terra fazendo o bem e curando os enfermos, tem piedade de nós.

Senhor, tu que mandaste os teus apóstolos impor as mãos sobre os doentes, tem piedade de nós.

Senhor Jesus Cristo esteja contigo para te proteger.

Esteja à tua frente para te conduzir, e atrás de ti para te guardar.

Olhe por ti, te conserve e te abençoe.

Deus Pai te dê a sua bênção. Amém.

Deus Filho te conceda a saúde. Amém.

O Espírito Santo te ilumine. Amém.

Guarde e salve a tua vida. Amém.

Encha de luz teu coração e te conduza à vida eterna. Amém.

Adriano Backx

QUANDO REZAR OS SALMOS

Há um salmo para cada situação, para cada ocasião. Porque os autores deles são pessoas que passaram, como nós, pelas mais diferentes condições e retrataram nos Salmos os seus sentimentos.

Vão aqui algumas sugestões para você aplicar os Salmos às diversas situações que você encontra na vida.

Para pedir sabedoria: 1, 24
Quando me sinto oprimido: 2
Quando estou confiante: 3, 15, 22, 27, 39, 40, 45, 126, 129, 130
Para descansar em Deus: 4
Na insegurança: 5
Quando estou arrependido: 6
Na perseguição: 7, 82, 139
Louvando a Deus: 8, 18, 28, 32, 35, 47, 64, 75, 91, 95, 98, 107, 110, 112, 116, 134, 135, 137, 148, 149, 150
Para me alegrar em Deus: 9
Na aflição: 10, 55, 59, 63, 73, 78
Pedindo proteção: 11, 16, 19, 53, 58, 90, 120, 124
Buscando refúgio: 12, 34, 56, 60, 61, 141
Na descrença: 13, 52
Para bem agir: 14, 33, 36, 38, 48, 74, 100, 111
Para dar glória a Deus: 17, 65, 76, 86, 92

Celebrando a salvação: 109, 113, 117, 131
Para seguir a voz de Deus: 118
Para abençoar a família: 127
Vivendo a fraternidade: 132
Oração da Noite: 133
Pensando na vida: 1, 5, 6, 15, 19, 26, 36, 37, 38, 40
Olhando o mundo: 2, 13, 21, 22, 23, 28, 33, 36, 39
Começando o dia: 2, 6, 9, 11, 15, 30, 34, 37, 38, 40
Acabando o dia: 3, 9, 10, 16, 18, 20, 35
Pedindo ajuda: 4, 7, 12, 24, 31, 40
Voltando a Deus: 8, 10, 13, 18, 24, 35
Confiando em Deus: 9, 12, 15, 16, 25, 27, 28, 29, 36
Louvando o Senhor: 14, 17, 21, 22, 32, 41
Precisando de alegria: 24, 31, 42
Cantando a alegria: 25, 30, 32, 37, 41

FSC
www.fsc.org
MISTO
Papel produzido
a partir de
fontes responsáveis
FSC® C132240

A marca FSC® é a garantia de que a madeira utilizada na fabricação do papel deste livro provém de florestas que foram gerenciadas de maneira ambientalmente correta, socialmente justa e economicamente viável.

Este livro foi composto com as famílias tipográficas Times e Times New Roman e impresso em papel Offset 75g/m² pela Gráfica Santuário.